AF473828

ANNA CONWAY

Purpose

Anna Conway
Purpose

SilvanaEditoriale

Sommario
Contents

LA PITTURA MISTERICA DI ANNA CONWAY

Mario Diacono

In un dipinto del 2013, la nota scritta sul post-it in *trompe-l'oeil*, che coincide poi con il titolo dell'opera, avverte *"it's not /going to /happen like /that"* (non succederà come pensate). Il post-it, come incollato al resto dell'immagine, evoca o surroga[1] la figura umana appena uscita dalla scena del quadro. Il tono negativo dell'avvertimento sembra riferirsi a niente in particolare, possiamo perciò tranquillamente dedurne che è una dichiarazione di metodo pittorico. Il foglietto giallo quadrato, con quel monito sibillino che simula perfettamente parole scritte in fretta con una biro – è perfino visibile in alto la striscia di adesivo che lo fissa allo specchio ovale su cui è attaccato – è il collante iconico che amalgama l'assemblage di elementi dissonanti giustapposti sulla tela. Lo specchio costituisce a sua volta il perno visuale dell'immagine, pur non avendo l'immagine un centro; la sua antica funzione di oggetto con proprietà magiche ne privilegia il ruolo centrale nel *mystery play* che il dipinto mette in atto. Mentre il post-it si proietta tridimensionalmente fuori dal *picture plane*, nella metà inferiore dello specchio appare invece riflesso diagonalmente un muro di casa che è però anche una parete di appartamento; contro di essa è poggiato un armadio in cima al quale sta un vaso da cui pendono lunghi rami foliati (nella metà superiore dello specchio, essendo riflesso un pezzo di cielo, l'intero ovale assume l'aspetto di uno scudo araldico). Lo specchio si trova al centro di una grata decorativa in ferro, che si alza sopra un lavandino di cui si vede solo l'estremità posteriore con i rubinetti, su di questa è posato uno spazzolino da denti, indizio di un'uscita improvvisa dal quadro, il che spiega anche la nota scritta in fretta. La grata è addossata a una non-parete, che nella parte bassa è costituita da una striscia di terra costeggiante una vasta distesa d'acqua, probabilmente un lago, e in quella alta da un cielo/parete a cui sono appesi in basso due porta asciugamani, mentre in alto c'è una lampada a muro che non dà alcuna luce. Questa non-parete fa angolo, a sinistra, con un'altra non-parete, anch'essa non-illuminata da un'altra lampada a muro che è in parte coperta dal fogliame di un esile albero biforcato. Dietro la grata, sul bordo del lago, a una distanza onirica, una casa rossa a due comignoli crea un contrasto di scala paradossale con il lavandino in primo piano, evidenziando ulteriormente l'ambiguità tematica ricorrente in Conway tra interno ed esterno che sono spesso co-estensivi, separati solo da una parete d'aria. L'interno/esterno di *It's not going to happen like that* occupa circa il 60% dell'immagine a sinistra; il restante 40% è costituito da un paesaggio alberato tipico del New England, con un bosco che arriva ai bordi dell'acqua. Un grande albero in primo piano richiama l'Albero della Vita alluso nei dipinti rinascimentali; l'annullamento della distinzione tra interno ed esterno qui è ottenuta da un interruttore elettrico in primissimo piano che, posto per metà su un tratto di terra con un recinto bianco e per metà sulla superficie del lago, trasforma virtualmente il paesaggio in un muro dipinto, senza tuttavia negarne l'autonomia iconica.

L'intreccio di incongruenze narrative, slittamenti figurali e paradossi visuali in *It's not going to happen like that*, esemplare del *modus operandi* pittorico di Conway, evoca la mescolanza di racconto biblico e digressioni fantastiche nei *misteri* medievali; nel suo ermetismo a volte indecifrabile esso richiama anche la ritualità dei *mysteria* della religione antica classica.

[1] L'artista lo conferma nella conversazione con Bob Nickas.

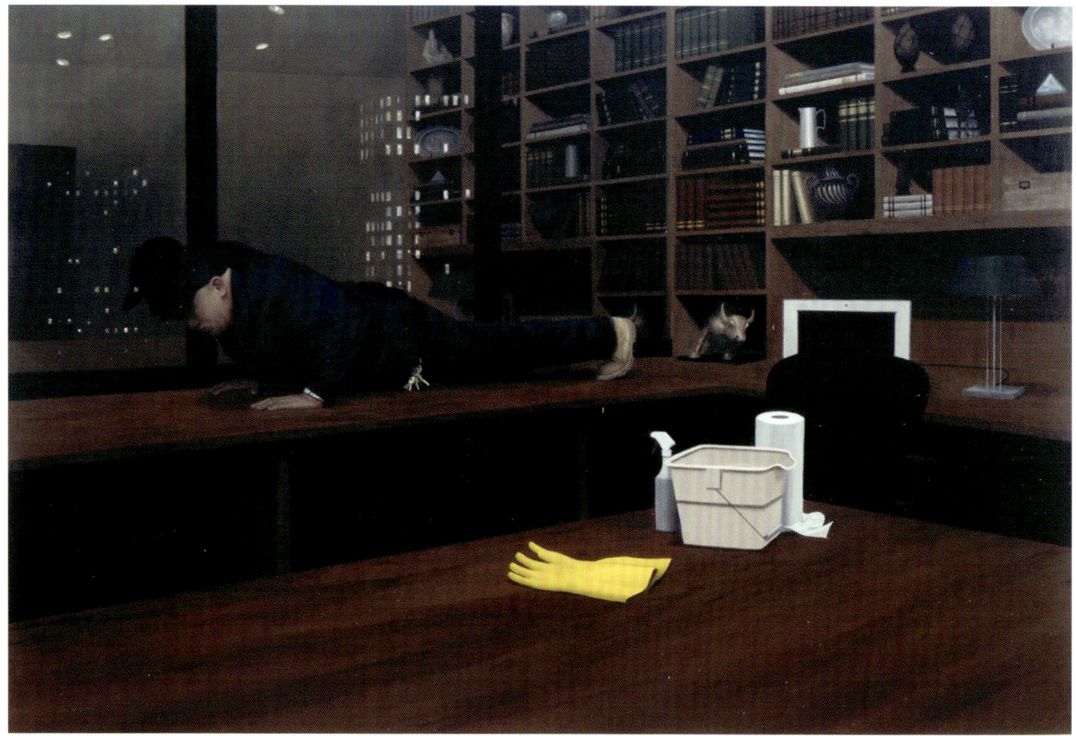

Anna Conway, *Leonardo,* 2007

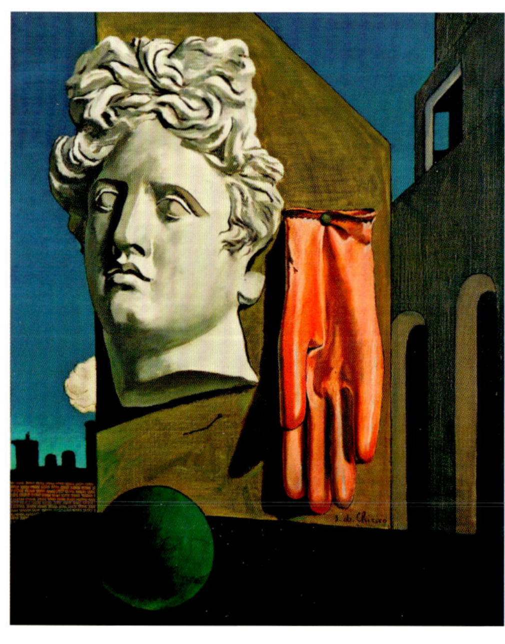

Giorgio de Chirico, *Canto d'amore*, 1914

Soprattutto evolve, nel ventunesimo secolo, la vocazione per un reale a-storico iniziata ai primi del ventesimo dagli *enigmi* di De Chirico e ancora prima dai pittori simbolisti, francesi, belgi e svizzeri. In *Leonardo*, 2007, il guanto giallo in primo piano è una citazione del guanto rosso di *Canto d'amore* di De Chirico, subito de-metafisicizzata però dal realismo *americano* di una natura morta post-morandiana, con secchio di plastica, rotolo di carta da cucina e spruzzatore d'acqua, che gli è vicina ma separata. A parte la ricorrente angolazione diagonale delle immagini, che dà loro un taglio fotografico e permette rinnovate complessità e complicazioni prospettiche, la rappresentazione di Conway invoca un uso camaleontico dello spazio, con interni che diventano esterni e viceversa, e pratica un'integrità definibile sì realistica degli oggetti e degli ambienti, ma all'interno di una *mise-en-scène* certamente irrealistica. L'irrealismo connota tutte le situazioni narrative dell'artista; aderendo da un lato alla fedeltà iconica delle figure e degli oggetti rappresentati, dall'altro alle programmate sollecitazioni dell'immaginario, esso richiama il realismo dalla linea incisiva ma morbida con cui Bosch racconta trascendenze magico-simboliche. L'intensità notturna di *Somebody Call Someone*, 2004, dove tre uomini in uno stadio di football, in piedi sotto un lampione, stanno osservando un altro operaio illuminato da un doppio fascio di luce che, secondo le parole dell'artista, "sta aggiustando una macchina che crea rapide di fiume", mentre altri fasci di luce più piccoli illuminano altri macchinari, è una chiara ripresa della parte alta dell'*Inferno* di Bosch, il pannello di destra nel trittico del *Giardino delle Delizie* al Prado. Anche se la tradizione realista americana è presente in Conway, essa viene sottoposta a un nuovo regime figurale. La stanza e l'arredamento di *Mrs Lance Corporal Shane O' Tolle and Mrs Staff Sgt. Brandon Stevens*, 2008, certamente echeggiano Hopper, ma l'intimità colloquiale delle due mogli di militari, a terra in primo piano sopra un tappeto ovale, il divano e la poltrona vuoti simbolici di assenze, la luce del tramonto che filtrando dalla finestra illumina la parete di fondo, su cui campeggia un quadro con un generico paesaggio vuoto implicante lontananze, di una luce sovrannaturale, denotano una narrativa dai molteplici, stratificati significati che inscrive un mistero laico. Mistero che non è più quello dei Surrealisti, ansioso per la perdita di Dio, che viene compensata dall'interesse per la magia. Nel confrontarsi col passato dell'arte, Conway non critica né segue né appropria; non soffre di un'angoscia dell'influenza e neppure ha timore di essere in ritardo sui contemporanei. Se la storia dovesse attraversare il territorio di un suo dipinto, la lascerebbe passare; è altrettanto lontana dalla verità fotografica dell'iperrealismo e dalla pratica dell'inconscio predicata dal surrealismo. Nei suoi quadri, la coabitazione implausibile di oggetti, figure, luoghi con una loro plausibile logica anteriore e la rappresentazione realistica di situazioni, spazi, eventi immaginari non condividono, come Breton nel suo entusiasmo per l'automatismo, la famosa frase di Lautréamont: "Il est beau ... comme la rencontre fortuite sur une table de dissection d'une machine à coudre et d'une parapluie"[2] (*Les Chants de Maldoror,* Chant 6, Strophe 3). Anche se ovviamente quella frase è circolata talmente tanto nella critica d'arte del ventesimo secolo da essere diventata parte dell'inconscio collettivo degli artisti del ventunesimo.

Nella conversazione con Bob Nickas, c'è un'affermazione che introduce implicitamente alle quattro tele che Anna Conway ha dipinto dopo *It's not going to happen like that* – *Determination*, *Perseverance*, *Devotion*, *Potential*, eseguite tra l'inizio del 2014 e la fine del 2015 – ed espone col titolo generale *Purpose*: *"The most dominant feature in all of my paintings ... is the atmosphere of the light and air"*.[3] L'evento presentato nei quattro dipinti (la rappresentazione è l'evento) è appunto inscritto come un'immagine che accade, rispettivamente, di notte, in pieno giorno, all'alba, al tramonto; le prime due immagini avvengono in interni, le altre due in esterni. È illegittimo tuttavia considerare quelle fasi canoniche della giornata pittorica (che si susseguono come una *liturgia horarum*) quali inscrizioni di realtà naturalistiche. Esse sono in realtà fasi dell'immaginario, che fanno della luce (in *Determination* e *Perseverance*) e dell'aria (in *Devotion* e *Potential*) le condizioni iniziali di esistenza dell'atmosfera dell'opera. *Light* e *air* sono valori pittorici diventati qualificanti in Europa con l'Impressionismo, e rimasti importanti fino all'avvento dell'astrazione, in particolare dell'astrazione geometrica – dalla fine del Secondo Impero (in Francia) all'inizio della Prima guerra mondiale. Ma l'invisibilità della pennellata nelle tele di Conway è un indice che la sua pittura discende piuttosto da quello che viene chiamato il Luminismo americano, pressappoco contemporaneo all'Impressionismo. Poiché in Conway *light* e *air* sono intuizioni cromatiche e spaziali che mettono in moto la rappresentazione, esse costituiscono di fatto elementi trascendenti (o trascendentalisti?) che permettono all'artista una totale libertà di associazioni e dissociazioni figurali. È infatti una costante nel suo processo

[2] [Un giovane] bello... come l'incontro fortuito su un tavolo di dissezione di una macchina da cucire e un ombrello.
[3] La caratteristica dominante di tutti i miei quadri... è l'atmosfera di luce e aria.

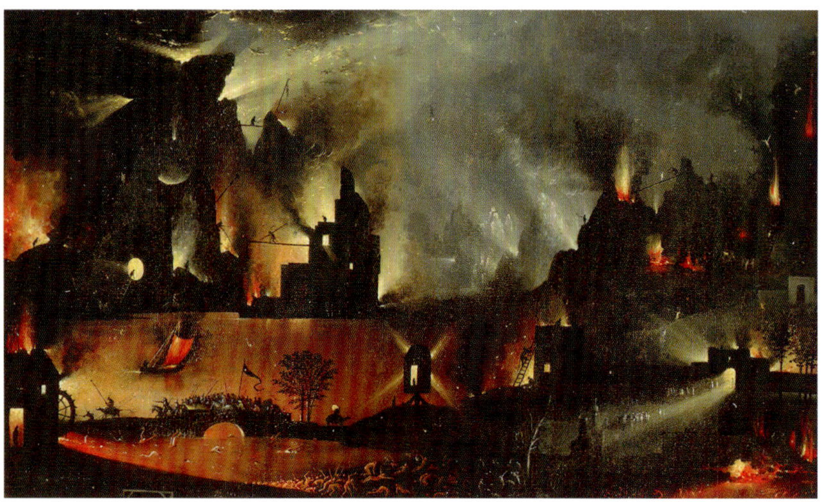

Hieronymus Bosch, *Inferno / Hell*, 1503-1515

di lavoro il mantenere raramente i medesimi elementi iconici dall'inizio alla fine della costruzione del dipinto. Come Nickas ha osservato, il suo quadro non inizia mai con un disegno preparatorio. L'abbozzo della composizione avviene direttamente sulla tela; come attori che entrino ed escano di scena nel *mystery play*, immagini appaiono e poi scompaiono, ascendono e decadono, si trasformano; la tela diventa il luogo in cui la trama delle metamorfosi dell'immagine iniziale rimane aperta sebbene illeggibile. *"The time of day, the weather, the temperature come together early in the painting and end up informing the construction of spaces and figures"*.[4] Determinano anche il *mood* dei colori e delle tonalità dei colori.

Non sappiamo se l'inscrizione delle quattro opere in una sequenza astronomico-liturgica sia dovuta a un progetto specifico dell'artista o sia avvenuta invece, come spesso accade alle sue figurazioni, per un graduale processo di attrazione e distrazione psico-fisica tra elementi iconici. Nella tradizione monastica, la liturgia delle ore inizia col Mattutino, le preghiere che si recitano alla fine della notte, prima dell'alba. *Determination* è qui il Mattutino, il primo atto della liturgia pittorica. Una lampada da tavolo sopra un tavolino basso dal piano di marmo, contro la parete di fondo, illumina l'angolo di un soggiorno a un piano alto di un grattacielo di vetro nel centro di una città contemporanea (potrebbe essere New York come Tokyo), circondato tutt'intorno da identici grattacieli. Sulla parete accanto, che occupa circa i due terzi del dipinto, una lampada Arco di Castiglioni rimane invece spenta, per dare forse modo alle luci della città e dell'alba imminente di illuminare ulteriormente la stanza (la contrapposizione lampada accesa/lampada spenta allude a una cifra iconografica religiosa?). Il resto dell'arredamento consiste in due poltroncine ai lati della lampada accesa; un divano, stretto tra l'angolo della stanza e la lampada spenta, con una pelle d'animale sul pavimento di legno; una pianta grassa in un vaso in primo piano; tra questa e la lampada Arco, su una base di legno, una scultura decorativa pseudo-tribale bifronte il cui lato femminile (una maternità) è riflesso dalla parete di vetro. Lampada accesa e scultura riflessa sono i poli luminosi che animano il silenzio notturno della stanza; la luce della città è immaginaria, derivando non dalle architetture circostanti, su cui sembra essere sceso un totale *blackout*, ma da punti luminosi fantasmatici sospesi sopra i grattacieli che si alzano tutt'intorno. La coppia tribale e la lampada accesa sono ancora un possibile surrogato della presenza umana che è stata elisa dall'immagine, come del resto accade col poster del *moai* dell'Isola di Pasqua in *Perseverance,* e con la rossa scultura *calderesque* in *Potential.* L'intertestualità interno/esterno, creata dalle vetrate della stanza che iterano con la loro geometria le griglie architettoniche dei grattacieli circostanti, è un *tropo* visivo non solo ricorrente ma intensamente tematico nella pittura di Conway. Lo stesso effetto l'aveva creato in *Leonardo,* dove l'uomo delle pulizie di un ufficio, abbandonati su una scrivania i suoi strumenti di lavoro, elencati in una Natura Morta Operaia, usa un lungo scaffale, riflesso nella parete di vetro della stanza, per dedicarsi a una serie

[4] L'ora del giorno, il tempo che fa, la temperatura emergono tutti insieme all'inizio del quadro e finiscono col determinare la costruzione degli spazi e delle figure.

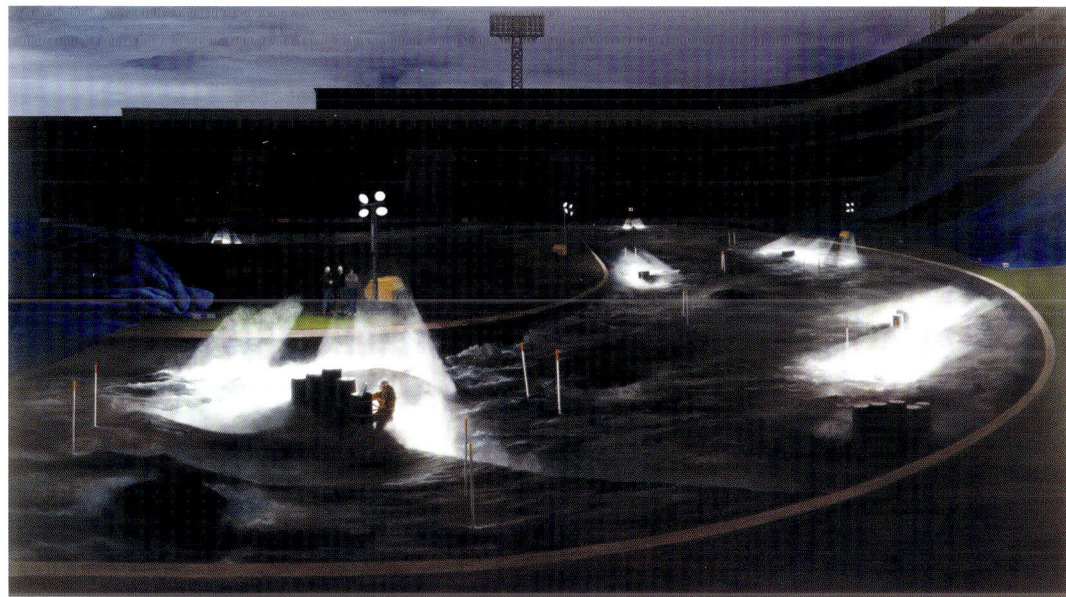

Anna Conway, *Somebody Call Someone*, 2004

di flessioni. La composizione è anche qui un angolo di stanza a un piano alto di un grattacielo di vetro, un *office building*, la cui connotazione socio-economica è data dalla presenza di una riproduzione in bronzo del Toro di Wall Street, mentre il bronzo tribale di *Determination* denota un *residential building*; e come la presenza dell'uomo delle pulizie in *Leonardo* umanizza e insieme deride il mondo delle *corporation*, l'assenza di abitanti in *Determination* evolve quel mondo in un tema di alienazione.

Anche l'interno di *Perseverance* è connotato dalla luce, ma nella fase opposta della liturgia pittorica. Una solarità astratta, priva di riferimenti naturalistici tranne che per le ombre dei mobili sul pavimento e del montante della parete di vetro, invade e abbaglia la stanza abitata, come quella notturna di *Determination*, solo da una scultura tribale, che qui è un *moai* di Rapa Nui, l'Isola di Pasqua, però dipinto e appeso sopra una cassettiera. In quanto figura umana – il quadro è un paesaggio montagnoso popolato da una singola testa monumentale – il *moai* connota un'assenza ch'esso sottolinea, interroga e surroga. L'interno è, come in *Leonardo*, l'angolo di un ufficio, i mobili ne sono gli unici abitanti: la cassettiera con sopra il quadro; una libreria a tre scomparti con libri e riviste, messi perlopiù di piatto anziché di costa, e una singola ceramica; una scrivania minimale fiancheggiata da una cassettiera su rotelle; una sedia-poltrona girevole. Le tonalità chiare dei mobili, della sedia e del pavimento si fondono, quasi monocromaticamente, con la luminosità che filtra dalle tende bianche che coprono l'intera vetrata della stanza, interrotte solo dalle decalcomanie di due rondini ai lati del montante. La radicalità astratta della luce di una trascendente *ora sesta* è il tema essenziale di *Perseverance,* di cui una prima versione era costituita in certo modo da *Untitled*, 2012. Questo dipinto è ancora pervaso da una narrativa di angoscia che sembra essersi invece dissipata in *Perseverance*. Anche l'interno di *Untitled* è un'architettura modernista: un angolo di stanza a un piano alto di grattacielo, formato da due pareti di vetro interrotte da montanti posti a distanza regolare; al di là della parete di fondo s'intravedono gli edifici lontani della città, da uno dei quali si alza il fumo di un incendio o di un attentato terroristico – l'11 settembre non è lontano. La stanza, in evidente disordine, è forse una camera d'albergo, arredata da due poltrone, due tavoli bassi con libri e piatti, residuo di una probabile colazione; un *guéridon* dalíeggiante con delle monete; tre lampade a stelo; una panchina stile impero; un divano e un lettino (tipo il Barcelona di Mies van der Rohe) su cui sono ammucchiate e arrotolate lenzuola e coperte. Il disordine è materiale e spirituale insieme: nell'angolo della stanza, che costituisce anche il centro dell'immagine, un uomo in camicia, mutande e calzette scruta intensamente la colonna di fumo lontana, stringendosi alla parete come avesse paura o si stesse nascondendo da qualcuno che non può vederlo. *Perseverance* ha spogliato l'ambiente di *Untitled* del disordine, l'atmosfera di minaccia, la vulnerabilità, il terrore che lo pervade; in esso tutto è luce e calma, ma nessuna voluttà.

Mentre *Determination* e *Perseverance* sono pitture la cui intensità iconica è percorsa dal linguaggio della luce, *Devotion* e *Potential* sono invece dipinti le cui immagini accadono in uno spazio aperto, nelle fasi intermedie della liturgia pittorica, l'alba e il tramonto di un'astronomia dell'immaginario. In *Devotion*, lo spazio del cielo, illuminato dall'attesa imminenza del sole e punteggiato da decine di uccelli, domina quasi per l'intera lunghezza il centro del dipinto, interrotto solo da due grandi cartelloni privi di testo (visti uno di fronte, l'altro, più lontano, da dietro), intermedi tra l'essere guardiani della terra o una versione pubblicitaria dei mulini a vento. L'evento iconico accade alla periferia di questo enorme territorio celeste: la parete in cemento di un fabbricato industriale a sinistra, e due lati di un muretto anch'esso in cemento da cui emerge una massa a perdita d'occhio di mucche di cui si intravedono solo le teste. Il muretto chiude un pavimento in resina specchiante che lo fa sembrare uno specchio d'acqua – tutti gli oggetti soprastanti sono fortemente riflessi – e la fascia composta da muretto e pavimento forma con la parete di cemento la L di una squadra. In alto a destra, il cielo è traversato dal triangolo rovesciato di uno scorcio di autostrada, che è però anche il soffitto d'un probabile magazzino industriale. Sia la L della squadra che il triangolo rovesciato sono contenitori multipli di attività contraddittorie. Sulla sinistra dello scorcio d'autostrada/soffitto – la fila di luci rettangolari al neon allude a una moltitudine umana assente – un ventilatore industriale sospeso in aria gira a vuoto sulla massa compatta di mucche: destinato forse a un interno, è una griglia volante applicata incongruamente a un esterno. Lungo la parete destra del muretto, corre una doppia fila di balle di fieno rettangolari; alla loro sinistra, un portello di legno che sembrerebbe una paratoia se il pavimento fosse d'acqua, mentre in realtà chiude/apre il passaggio agli animali e al fieno dal/al pavimento specchiante di un magazzino/stalla. Nell'angolo della L formata dal pezzo di parete e dal muretto, a ridosso della massa di mucche dalle cui teste spicca visibilmente il giallo dei marchi auricolari, si trova un monolocale aperto, un'ulteriore fusione di interno ed esterno. Addossata al muro di cemento c'è la cucina: in alto, armadietti pensili di legno; in basso, il cubo bianco del frigorifero su cui è poggiato un fornello elettrico con una caffettiera; accanto a questo, un lungo lavandino dentro una

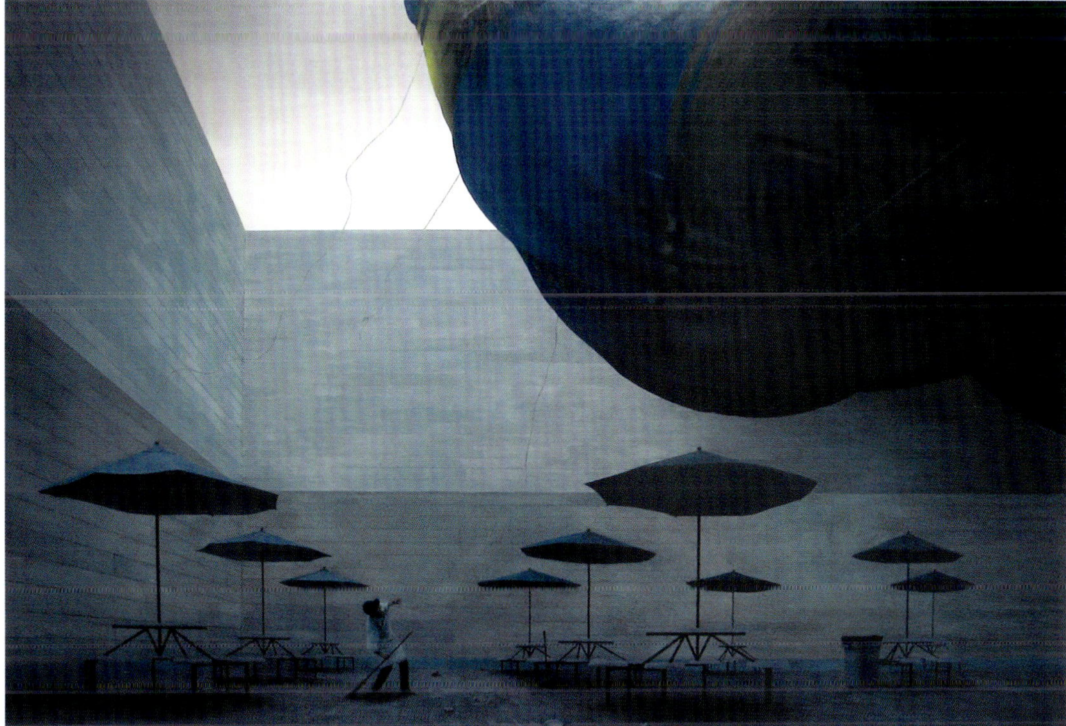

Anna Conway, *Alejandro*, 2005

copertura di legno, con doppio rubinetto per l'acqua calda e fredda; alla sua destra, una pattumiera grigia senza coperchio. Davanti alla cucina, su un tappeto industriale quadrato c'è un tavolo da lavoro/pranzo con due sedie girevoli da ufficio; dietro il tavolo, un dispenser d'acqua; tra questo e i pensili della cucina, un grande poster laminato con la foto di un cerchio d'alberi visto dal basso e, sotto, la scritta RESOLVE (che completa il cerchio di qualità morali enunciate nei titoli dei dipinti). Il poster svolge qui il ruolo che negli altri tre dipinti hanno quadri e sculture, con la differenza che esso inscrive non l'assenza umana ma quella della natura. Sopra gli armadi pensili, sospeso alla parete industriale, corre, per tutta la sua altezza, un binario d'acciaio da cui aggetta una struttura indefinibile, un serbatoio rettangolare che termina in basso con una bocca di scarico anch'essa rettangolare. Se il contenitore sembra non avere una funzione, il suo contenuto è d'altra parte inesistente, ma essi alludono, insieme alla folla sterminata di mucche, a una industrializzazione di massa dell'agricoltura, e alla cultura di massa che è il subtesto di ansia ecologica e filosofica che pervade l'immagine. Questo monolocale con un solo muro, il cui tetto è forse costituito dall'autostrada/magazzino di cui si vede uno scorcio, occupa una parte minuscola del quadro in rapporto alla vastità del cielo e dello spazio agroindustriale che lo dominano. Minuscola è di conseguenza la figura di un uomo, il custode forse della mandria o del magazzino, o di entrambi, che riposa su una branda da campo alla destra del dispenser d'acqua. Pur nella sua enorme piccolezza, questa figura di uomo àncora l'intera immagine, le dà anzi il suo significato ultimo, come accade per esempio in *Alejandro,*

2005, un dipinto che strutturalmente anticipa *Devotion*. Qui, all'interno di una gigantesca struttura di cemento costituita di soli muri – con una decina di tavoli da picnic protetti da ombrelloni in un solo angolo che occupa l'intero dipinto – l'uomo delle pulizie, appena visibile nella sera che sta calando, viene atterrito, mentre spazza il pavimento, da un'enorme massa informe che dal cielo sta per invadere l'intero spazio. L'immagine del minuscolo lavoratore o dell'uomo comune compresso dentro spazi esorbitanti è uno dei *topoi* della pittura di Anna Conway – per esempio in *Untitled*, 2012; *Spring Green,* 2011; *I Am I Said*, 2009; *Untitled*, 2008; *Enfield*, 2007; *Sunday in Ordinary Time*, 2007; *A Pound of Cure*, 2005; *Somebody Call Someone*, 2004.

Le quattro liturgie astronomico-visuali di *Purpose*, anche se attuate con una minimalità narrativa, una densità d'immagini, una specificità di luce, un'intensità di definizione geometrica/lineare avanzate rispetto a quelle dei dipinti precedenti, emettono una stessa, consistente ideologia pittorica. In esse il rapporto di (s)proporzioni tra figure/oggetti e gli ambienti in cui esistono, pur essendo logico in termini di verità rappresentativa, è tuttavia diretto a provocare nello spettatore un effetto di straniamento, di spaesamento, di vertigine psico-ottica. Nelle opere di Conway, dove i rapporti di scala e (dis)posizione spaziale avvengono in base alle regole della prospettiva rinascimentale, quelle regole sono rispettate in apparenza, ma in sostanza sovvertite. La frontalità viene spesso scartata in favore di angolazioni fotografiche, e soprattutto il quadro viene realizzato secondo un doppio punto di vista operativo: mentre l'immagine è panoramica, e può essere colta immediatamente nell'interezza della sua vastità, i dettagli, che nelle intenzioni dell'artista ne sono chiaramente il punto focale, vengono sempre rappresentati con un'esattezza di gesti e una precisione di segni che implicano una prossimità differenziata dell'occhio. Parafrasando Salvador Dalí, lo si potrebbe chiamare un metodo melanconico-critico (vedi anche Dürer, *Melencolia I*). Nell'economia politica di questo metodo rientra anche l'uso del colore, che è strettamente funzionale al tema del singolo quadro, evita i contrasti espressivisti, pratica consonanze e temperanze tonali che vogliono creare nel dipinto la sua specifica unità atmosferica.

Proprio all'inizio della conversazione con Bob Nickas, alla domanda su cosa pensasse di voler fare, da bambina, prima di scoprirsi artista, Anna Conway risponde: *"I wanted ... my own animal shelter. I pictured Noah's ark"* (Volevo avere un mio rifugio per animali. Raffigurai l'Arca di Noè). Nella sua tela più recente, *Potential*, l'arca potenziale di un Diluvio futuro, dipinta in forma di un'immaginaria nave da battaglia arenata in un parco, costituisce forse un ritorno del rimosso. La nave ha una configurazione allo stesso tempo pre-moderna e post-contemporanea, insieme da Prima e Terza guerra mondiale, un ibrido di nave da trasporto, nave da guerra, portaerei e vascello fantasma. Nella luminosità fredda e trasparente di un tramonto dell'Occidente (*Untergang des Abendlandes*), in cui leggere nuvole grigie presagiscono la sera, la nave è ormeggiata in una radura dal manto d'erba di un verde brillante, vellutato, deliberatamente conficcata in una depressione del terreno scolpita come un *earthwork*. L'artista lascia decidere allo spettatore se la nave sia stata installata lì come parte dell'*earthwork*, come un'opera di arte pubblica, o vi si sia arenata dopo una catastrofe. Parzialmente adattata a parco, la radura è chiusa all'orizzonte da una fitta parete verdescura di alberi; è arredata, sul fondo, da una scultura rossa alla maniera di Calder e, più avanti, da tracce meno sublimi di presenze e assenze umane: tre tavoli da picnic con le panche vuote, due contenitori metallici per rifiuti. Rimane incerto se dei gitanti abbiano lasciato il parco all'arrivo della sera, o esso sia rimasto cristallizzato nella sua integrità da tempo immemorabile. Pure incerto è se la nave sia stata disegnata come arca per un evento nucleare e si sia arenata nel parco dopo il diluvio futuro, o sia reduce da una guerra senza nome, decommissionata, acquistata da un collezionista, poi donata alla città. È inserita diagonalmente nell'*earthwork*, con la prua che si arrotonda in un balcone ricurvo, forse per osservare dal suo parapetto il volo di una colomba o avvistare la terra asciutta, e con la parte anteriore della chiglia ben visibile. Il lungo ponte piatto è abitato solo dalle catene delle àncore a prua, e dalle torrette dei cannoni a poppa. Una ringhiera corre lungo i lati del ponte, dove forse le migliaia di rifugiati sull'arca, di cui non rimane traccia, in un tempo senza storia dovevano trascorrere le giornate di un viaggio infinito verso un incerto punto cardinale. La torretta posteriore, con tre cannoni come quella anteriore, forma la base della torre di controllo la cui colonna si alza simile a un minareto. Dal balcone quadrato in cima alla torre dovevano venire richiami alla preghiera o comandi militari.

Anna Conway dipinge l'immaginario, nelle liturgie atmosferiche di *Purpose*, con la fedeltà, l'esattezza, l'evidenza dell'occhio fotografico, *"with every inch being accounted for"* (occupando ogni centimetro della tela), conferma l'artista. Ma anche con il distacco malinconico di chi ritrae a memoria un mondo perduto perché inaccaduto, evitando sia la distorsione grafica espressionista che l'esuberanza barocca dell'onirismo surrealista, e la mimesi fotografica iperrealista. La sua pittura adotta piuttosto un transrealismo, un realismo figurale che trascende referenti sociali/storici, o, se li cita, li trasforma in eventi improbabili la cui identità rimane deliberatamente sospesa. Questa sospensione coinvolge intimamente lo spettatore, gettandolo in uno stato di allarmata interrogazione. *"I am trying to articulate a story, although I never usually find or locate its climax"* (cerco di raccontare una storia, sebbene di solito non riesca mai a trovarne o localizzarne il culmine), ha detto l'artista. In realtà, è il dipinto stesso che ne costituisce il culmine: col suo raccontarsi in-finito.

THE MYSTERY PAINTING OF ANNA CONWAY

Mario Diacono

In a painting from 2013, the note written on a Post-it in *trompe-l'oeil*, which also coincides with the work's title, warns "It's not / going to / happen like / that." The Post-it, as if glued to the rest of the image, evokes or replaces[1] the human figure that has just exited the scene of the painting. The negative tone of the admonition seems to refer to nothing in particular, but we may easily deduce it's a statement of pictorial method. The little square yellow sheet, with a sibylline warning that perfectly simulates words written in haste in ballpoint pen—one can even see, at the top, the strip of adhesive that affixes it to the oval mirror onto which is attached—is the visual glue that binds together the assemblage of dissonant elements juxtaposed on the canvas. The mirror, in turn, is the icon on which hinges the cohesiveness of the image, even though the image has no center; its ancient role of an object with magical properties underscores its cardinal place in the mystery play that the painting enacts. While the Post-it projects outward three-dimensionally from the picture plane, in the lower half of the mirror is reflected, instead, the wall of a house, which is also a wall of an apartment. Against this wall, there rests a wardrobe, at the top of which there sits a vase overflowing with long, leafy branches. (A piece of sky is reflected diagonally in the upper half of the mirror and the entire oval assumes the aspect of an escutcheon.) The mirror is located at the very center of a decorative iron grate that rises above a sink where only the rear portion with the faucets is visible, along with a toothbrush that rests on the sink's rear edge, indicating the figure's sudden exit from the painting, which then explains the hastily written note. The grate leans against a non-wall, the lower portion of which consists of a strip of land running along a vast expanse of water, probably a lake, while the upper portion is made up of a sky/wall to which there are affixed lower down two towel racks and, higher up, a wall lamp that gives no light. This non-wall forms, at left, a corner with another non-wall, this one too unilluminated by a wall lamp partially covered by the foliage of a slender, bifurcated tree. Behind the grate, at the edge of the lake and at an oneiric distance, a red house with two chimneys creates a paradoxical contrast of scale with the sink in the foreground, again highlighting the recurrent, thematic ambiguity in Conway's work between interior and exterior spaces, which are often coextensive, separated only by a wall of air and imagination. The internal/external section of *It's not going to happen like that* occupies on the left about 60% of the canvas, the remaining 40% consisting of a typical New England landscape of woods extending to the edge of the water. A large tree in the foreground harks back to the Tree of Life in Renaissance paintings; and the annulment of a distinction between interior and exterior is achieved here through the appearance of a light switch in the extreme foreground which virtually transforms, with its bottom half placed against the strip of land with a white fence and the top half set against the water's surface, the landscape into a painted wall, without however negating its iconic autonomy.

The interweaving of narrative incongruities, figural shifts, and visual paradoxes in *It's not going to happen like that*, exemplary of Conway's pictorial *modus operandi*, evokes the mixing of

[1] The artist confirms this in the conversation with Bob Nickas.

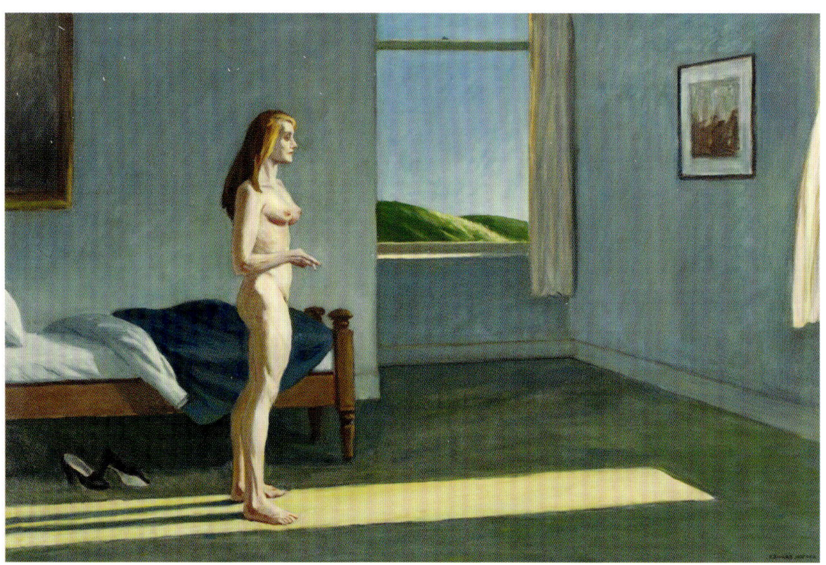

Edward Hopper, *A Woman in the Sun*, 1961

biblical tale and imaginary digressions in medieval *mystery plays*; in its often indecipherable hermeticism, it also recalls the rituality of the *mysteria* of ancient classical religion. It also develops, in the twenty-first century, the inclination for an ahistorical reality which began in the early twentieth century with De Chirico's *enigmatic* pictures and even earlier with the French, Belgian, and Swiss symbolist painters. In *Leonardo*, 2007, the yellow glove in the foreground is a quotation of the red glove in De Chirico's *Canto d'amore* (The Song of Love), but is immediately de-metaphysicized by the American realism of a post-Morandian still life made up of a plastic pail, a roll of paper towels, and a spray bottle of water which are close to Leonardo's figure but at a distance from him. Apart from the recurring diagonal construction of images, which gives them a photographic sensibility that allows for further complexities and complications of perspective, Conway's representation enacts a chameleon-like use of space, with interiors becoming exteriors and vice versa, and preserves an integrity of objects and settings that can be called realistic, but within a *mise-en-scène* that is definitely irrealistic. This irrealism connotes all the artist's figural situations, adhering on the one hand to an iconic accuracy of the represented figures and objects and, on the other hand, to the controlled solicitations of the imagination; in this sense, it recalls the incisive but soft lines with which Bosch's magical realism symbolically describes a material transcendence. In *Somebody Call Someone*, 2004, for instance, three men in a football stadium, standing beneath a lamp post, are watching another worker, illuminated by a double beam of light, who, according to the artist, is "fixing a machine that generates white-water rapids," while other, smaller beams of light illuminate other machinery. It's a work which, with its nocturnal intensity, clearly recalls the upper section of Bosch's *Hell*, the right-hand panel in the *Garden of Earthly Delights* triptych at the Prado. Even if an American realist tradition is present in Conway's work, it is subjected to a new iconic regime. The room and furnishings in *Mrs Lance Corporal Shane O'Tolle and Mrs Staff Sgt. Brandon Stevens*, 2008, certainly echo Hopper's paintings, but many of its aspects denote a narrative with multiple, stratified meanings that inscribe a *mystère laïc*: the colloquial intimacy of the two military wives in the foreground, one crouching the other leaning on an oval rug; the empty sofa and armchair, symbolic of their husbands' absence; the sunset light that, filtering through a large window, lays a mystic glow to the back wall on which there hangs a painting with a generic empty landscape, again implying melancholic distance. This is no longer the mystery of the Surrealists, whose anxiety about the loss of God was compensated for by an interest in magic. As Conway confronts art's blast from the past, she neither criticizes nor ignores nor appropriates it; she doesn't suffer an anxiety of influence or fears being on the margin of her contemporaries; if history needs to traverse the territory of any of her paintings, she allows it to pass through. She is equally distant from the photographic consciousness of hyperrealism as from the quest for the subconscious of Surrealism. The implausible cohabitation in her images of objects,

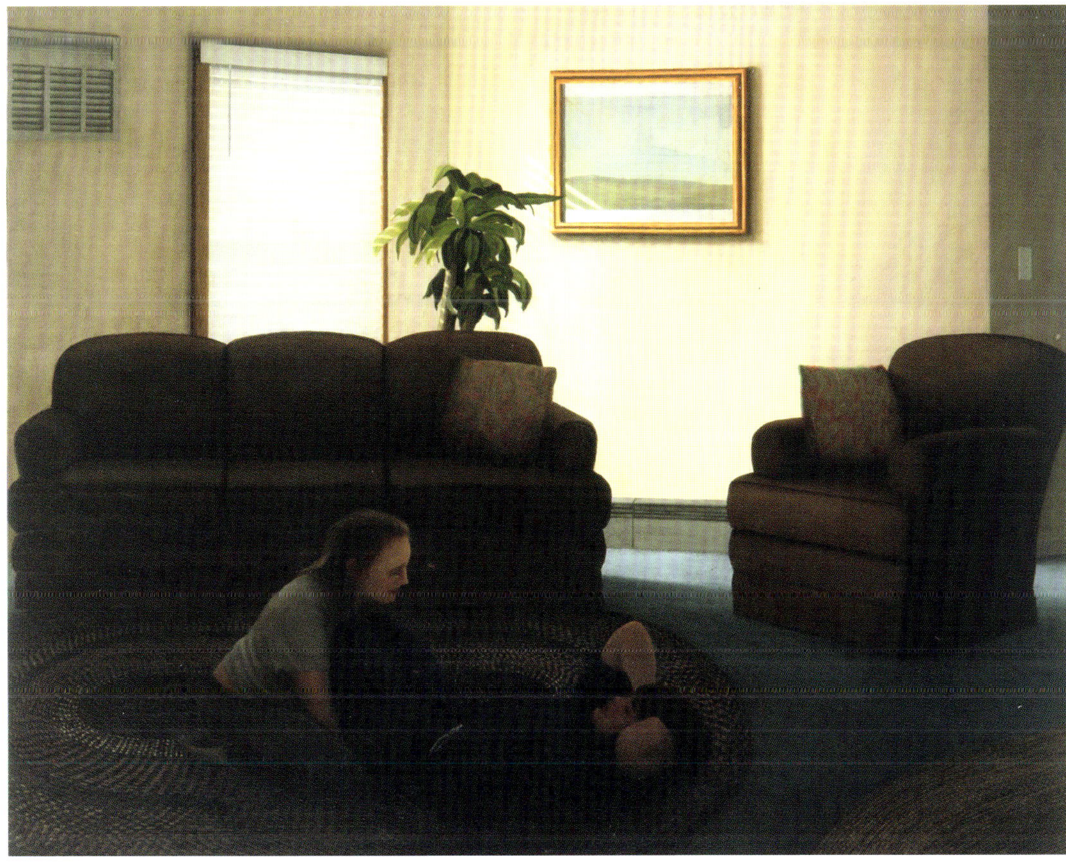

Anna Conway, *Mrs Lance Corporal Shane O'Tolle and Mrs Staff Sgt Brandon Stevens,* 2008

figures, places which had a past plausible logic; their irrealistic representation of situations, spaces, and events don't have anything in common with Lautréamont's famous sentence so admired by Breton: "Il est beau... comme la rencontre fortuite sur une table de dissection d'une machine à coudre et d'une parapluie"[2] (*Les Chants de Maldoror,* Chant 6, Stanza 3), even if that phrase has been so widely disseminated in twentieth-century art criticism that it has become part of the collective unconscious of twenty-first century artists.

In her conversation with Bob Nickas, Conway makes a statement that is an implicit introduction to the four canvases she painted after *It's not going to happen like that*—*Determination*, *Perseverance*, *Devotion, Potential*, all executed between early 2014 and late 2015, and exhibited under the general title *Purpose*: "The most dominant features in all of my paintings... is the atmosphere of the light and air." The events presented in these four paintings (the representation *is* an event) appear indeed inscribed as images that occur, respectively, at night, in full daylight, at dawn and at sunset. The first two images occur in interiors, the other two outdoors. It is not legitimate, however, to consider these ca-

[2] He is as beautiful... as the chance encounter, on an operating table, of a sewing machine and an umbrella.

nonical phases of the pictorial day (which proceed like a *liturgia horarum*) as inscriptions of naturalistic realities. They are, rather, stages of the imagination which turn the light (in *Determination* and *Perseverance*) and the air (in *Devotion* and *Potential*) into the initial condition of existence for the work's atmosphere. *Light* and *air* are pictorial values that became structural in Europe with Impressionism and remained constitutive until the advent of abstraction, particularly geometric abstraction—from the end of the Second Empire in France to the beginning of the First World War. The invisibility of the brushstroke in Conway's canvases is, however, an indication that her painting rather descends from what some historians call American Luminism, roughly contemporary with Impressionism. For, in Conway, light and air are chromatic and spatial intuitions that set in motion the representation; they constitute, in fact, transcendent (or transcendentalist?) elements that allow the artist the freedom of her figural associations and dissociations. It's a constant, in her working process, the fact that a painting rarely maintains the same iconic elements from the beginning to the end of its execution. As Nickas has observed, her pictures never begin with a preparatory drawing. The sketch of a composition is done directly on the canvas; like actors who enter and exit the stage in a mystery play, images appear and may soon disappear, they ascend and decompose, become transformed; the canvas is a site where the weave of metamorphoses of the initial image remains open, even if illegible: "The time of day, the weather, the temperature come together early in the painting and end up informing the construction of spaces and figures: They also determine the mood and the tonalities of the colors", explains Conway.

We don't know if the inscription of the four works in an astronomical-liturgical sequence is due to a specific plan on the part of the artist or if, instead, it has occurred, as is often the case with her figurations, through a gradual process of psychical/physical attraction and distraction among iconic elements. In the monastic tradition, the liturgy of the hours begins with matins, the prayers that are recited as night ends, before dawn. Here, *Determination* is a visual matins, the first act of the pictorial liturgy. A table lamp, on top of a small, low table set against its back glass wall, lights up a living room in one of the upper floors of a glass building in the center of a contemporary city (it could be New York as well as Tokyo or Shanghai), surrounded on all sides by identical buildings. On the adjacent wall, which takes up about two-thirds of the painting, a Castiglioni Arco lamp is in contrast not turned on, in order perhaps to allow the lights of the city and of the imminent dawn to further illuminate the room (does this contrast between turned-on and turned-off lamps allude to a coded religious icon?). The remaining furnishings in the room consist of two armchairs to the sides of the switched-on low lamp; a sofa, squeezed between the room's corner and the Castiglioni lamp, with an animal hide on the wooden floor; a tall cactus plant in a vase in the foreground; and, between the latter and the Arco lamp, on a tall wooden base, a Janus-like, male/female pseudo-tribal decorative sculpture, with the female side (a maternity figure) reflected in and by the glass wall. The lighted lamp and the reflected sculpture are the two poles of light animating the nocturnal silence of the room; the light of the city is instead imaginary, coming not from the surrounding architectures upon which seems to have descended a total blackout, but from phantasmic luminous points that appear suspended above the buildings rising all around. The tribal couple and the lighted lamp are yet another surrogate for the human presence that has been edited out of the image, something which also occurs with the poster of the *moai* from Easter Island in *Perseverance* and with the red, Calderesque sculpture in *Potential.* The interior/exterior intertextuality, created by the glass windows of the room iterating with their geometry the architectural grids of the surrounding skyscrapers, is a visual trope that is not only recurrent but also intensely thematic in Conway's painting. It is the same effect she had created in *Leonardo*, where the cleaning man of an office, after abandoning his tools on a nearby desk, creating a *Worker's Still Life,* uses a long shelf, reflected in the room's glass wall, to do a series of push-ups. Here too the image is in the corner of a room on an upper floor of a glass building, an office one this time, whose socio-economic connotation is given by the presence of a miniature bronze reproduction of Wall Street's bull, whereas the tribal-like bronze of *Determination* denotes a residential building. And just as the presence of the office cleaner in *Leonardo* both humanizes and derides the corporate world, the absence of inhabitants in *Determination* develops that world into a theme of alienation.

The interior of *Perseverance* is also connoted by the light, but in the opposite phase of the pictorial liturgy: an abstract solarity, without naturalistic references other than the shadows on the floor of the furniture and the post of the glass wall, invades and dazzles the room inhabited, like the nocturnal parlor in *Determination*, only by a tribal sculpture, in this case a *moai* from Rapa Nui seen in a painted version hung above a chest of drawers. As a human figure—the painting is a mountainous landscape populated by a single monumental head—the *moai* connotes an absence that he is underscoring, interrogating, and replacing. The interior, here as in *Leonardo*, consists of the corner of an office inhabited solely by furniture: the chest of drawers with the painting hanging above; a bookshelf with three compartments filled with books and magazines, mostly placed sideways rather than upright, except for a shelf with a single piece of pottery; a minimalist desk flanked by a chest on wheels, and a swivel chair. The yellowish tones of both the furniture and the floor merge almost monochromatically with the sun's light that filters through the white curtains covering the entire window wall of the room, interrupted in the middle only by the decals of two swallows at the sides of the post. The abstract radicality of the light of a transcendent Sext is the basic theme of *Perseverance*, an earlier version of which can be seen, to a certain extent, in the 2012 *Untitled.* This painting is pervaded, however, by a narrative of anguish that seems to have dissipated from *Perseverance*. Also the interior of *Untitled* connotes a modernist architecture: again the corner of a room on an upper floor of a glass building, formed by two glass walls interrupted by the verticality of posts placed at regular intervals; beyond the back wall can be glimpsed, in the distance, a cityscape with buildings of various heights, smoke rising from one of them, either from a fire or from a terrorist attack—9/11 is not far off. The room, quite disorderly, is perhaps of a suburban hotel; is furnished with two armchairs, two low tables with books and dishes on top of the books, probably the remains of a meal; a small, Daliesque *guéridon* with some coins; three floor lamps; an empire bench; a sofa; a (look-

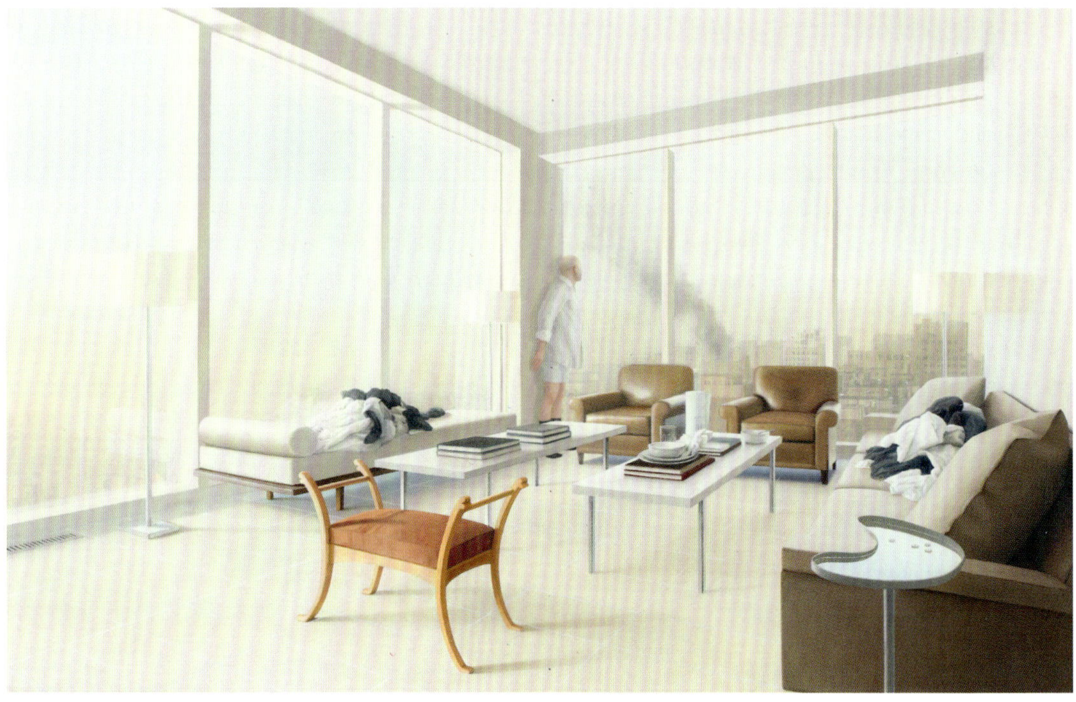

Anna Conway, *Untitled,* 2012

alike) Barcelona daybed by Mies van der Rohe. Sheets and blankets are piled and rolled up on the sofa and the daybed. The disorder is both material and spiritual: in the corner of the room, which constitutes also the center of the image, a half-dressed man in shirt, underwear and socks intently watches the distant column of smoke, pressed against a slice of concrete wall as if afraid or hiding from someone. *Perseverance* has removed the disorder we see in *Untitled*, along with its pervasive atmosphere of threat, vulnerability, and terror; everything in it is light and calm, with no *volupté.*

While *Determination* and *Perseverance* are paintings whose iconic intensity is informed by the language of light, *Devotion* and *Potential* are instead paintings whose images take place in an open space, in the intermediary phases of the pictorial liturgy, the dawn and dusk of an astronomy of the imagination. In *Devotion*, the vast space of the sky, illuminated by the expected imminence of the sun and filled with birds, nearly dominates the entire length of the canvas, interrupted only by two large billboards with no message—one seen from the front, the other, further away, from the back—which exist as halfway between guardians of the earth and advertising versions of windmills. The iconic event occurs on the periphery of this enormous celestial territory: the cement wall of an industrial tower rising on the left and the two sides of a low wall running the entire length of the canvas, from which there emerges, as far as the eye can see, a mass of cows of which one can make out only the heads. The low wall closes in a large floor of Epoxy resin with a mirror finish that evokes a stretch of still water, so strongly are the objects reflected on its surface. The band created by the low wall and the floor forms with the tower's wall an elongated L. At the image's upper right, the sky is traversed by the triangle of a piece of a highway which is at the same time the ceiling of possibly an industrial warehouse. Both the L of the wall/floor and the upper triangle, which together frame the sky, are multiple containers of contradictory activities. From the left corner of the highway/ceiling—a row of rectangular neon lights alludes to an absent human multitude—a suspended industrial fan spins emptily above the compact mass of cows: destined for an interior, the fan's free-hanging metal cage is applied incongruously to an exterior. Along the right side of the low wall there runs a double row of rectangular bales of hay; to their left, a wooden doorway looks like a sluice gate, as if the floor were of an impossible water, rather than what appears indeed to be an entrance for the passage of cows and hay to and from a warehouse/cowshed's shiny Epoxy floor. In the corner of the L formed by the wall and by the low wall, just below the mass of cows on whose heads their yellow ear tags are the most visible feature, there is an open studio apartment, a further fusion of interior and exterior. Attached to the cement wall is the kitchen: wooden cabinets above; the white cube of a refrigerator below, on top of which there is an electric hotplate with a coffee maker; next to it, there is a long sink clad in wood with a double faucet for hot and cold water; to the right of the sink is a gray garbage pail with no cover. In front of the kitchen, on a square carpet, is a work/dining table with two office swivel chairs; behind the table is a water cooler; between the latter and the kitchen cabinets is a large laminated poster with the photo of a circle of trees seen from below and the word RESOLVE (which somewhat closes the circle of moral qualities enunciated in the paintings' titles). Here the poster plays the role assumed by canvases and sculptures in the other paintings with the difference that it inscribes not a human absence, but rather the absence of nature. Above the kitchen cabinets, hanging on the industrial wall, for the whole height of the wall, there runs a steel track from which projects an ambiguous structure—a vertical, rectangular tank that terminates at the bottom with a horizontal drain opening. Since the container seems to have no specific function, with no apparent existing content, along with the endless sea of cows, it alludes to a mass industrialization of agriculture, to the mass culture that is a subtext of the ecological and philosophical angst that pervades the image. The single room with a single wall, whose roof is made of that slice of highway/warehouse, takes up a miniscule part of the painting, compared to the vastness of the sky and of the agri-industrial space dominating it. Therefore, even more miniscule is the figure of a man inside it; he may be the custodian of the herd, or of the warehouse, or of both, for he rests on a camping cot to the right of the water dispenser. While in its enormous smallness this figure of a man anchors the entire image, in fact it imbues it with its ultimate significance. Something similar happens in *Alejandro*, 2005, a painting that structurally anticipates *Devotion*. Its image consists of a gigantic cement structure made up only of high walls, where a single corner, inhabited by a score of picnic tables protected by large umbrellas, occupies the entire painting. Here a cleaning man, barely visible in the impending evening light, while sweeping the floor becomes terrified by an enormous shapeless mass that from the sky is about to invade the courtyard. The figure of a tiny worker or everyman, compressed inside exorbitant spaces, is one of the *topoi* of Anna Conway's painting—for example, in *Untitled*, 2012; *Spring Green*, 2011; *I Am I Said*, 2009; *Untitled*, 2008; *Enfield*, 2007; *Sunday in Ordinary Time*, 2007; *A Pound of Cure*, 2005; *Somebody Call Someone*, 2004.

The four astronomical-visual liturgies of *Purpose*, with their narrative minimalism, density of images, specificity of time/light, intensity of linear definition of objects, while exceeding the resolution of those earlier paintings emit however the same, consistent and constant pictorial ideology. The relationship of (dis)proportions between human figures, objects and the setting within which they exist, while logical in terms of representative likeness, is still focused on provoking in the viewer an effect of displacement, dislocation, of psycho-optical vertigo. Such relationships, in term of scale and spatial dis-position appear still based on the rules of Renaissance perspective, yet those rules while apparently respected are substantially subverted. Frontality is often rejected in favor of the photographic angle, the painting is constructed fundamentally according to a double viewpoint: whereas the image is panoramic, and can be immediately grasped in the entirety of its vastness, the details, which the artist clearly intends as the image's focal point, are always represented with an accuracy of gestures and a precision of lines that imply a differentiating proximity/position of the eye. To paraphrase Salvador Dalí, one might call this a melancholic-critical method (see also Dürer, *Melencolia I*). In the visual economy of this method, color comes into play as strictly a function of the theme of the individual painting: it avoids expressivistic contrasts, practices tonal consonances and temperances that aim to create the painting's own atmospheric mood.

At the beginning of her conversation with Bob Nickas, when asked what she thought, as a child, she would become before discovering that she was an artist, Anna Conway responds: "I wanted... my own animal shelter. I pictured Noah's ark." In *Potential*, her most recent canvas, the potential ark of a future Flood, painted in the form of a battleship run aground in a park, constitutes perhaps a return of the repressed. The ship has a design that is at the same time pre-modern and post-contemporary, a relic of both the First and Third World Wars, a hybrid of freighter, warship, aircraft carrier and phantom ship. In the cold, transparent luminosity of a Western sunset (*Untergang des Abendlandes*), in which gray clouds presage evening, the ship is moored in a clearing of vividly green, velvety grass, deliberately driven into a depression of terrain which is sculpted like an earthwork. The artist leaves it to the viewer to decide if the ship has been installed there as part of the earthwork, as a piece of public art, or if it has run aground as the result of a catastrophe. Partially redesigned as a park, the clearing is closed off at back by a dense, dark green wall of trees. In the distance is installed a red sculpture that recalls Calder and closer, in the foreground, are the less sublime traces of a human presence/absence: three picnic tables with empty benches, two metal trash bins. It's uncertain if people have left the park with the arrival of evening or if the setting has remained crystallized from time immemorial. It is also uncertain if the ship has been designed as an ark in case of a nuclear disaster and got moored in the park at the end of a Flood of the future or if it has returned from a nameless war, decommissioned, acquired by a collector, and donated to the city. It is inserted diagonally into the earthwork, with a prow shaped into a curved balcony, perhaps for watching from its parapet the flight of the dove and finally sighting dry land, and with the front portion of the keel highly visible. The long, vast, flat deck is inhabited only by the chains of the forward anchor and by the turrets of the aft cannons. A railing runs along the sides of the whole bridge where perhaps thousands of refugees on the ark, of which no trace remains, may have in a time outside history spent the days of their infinite journey toward an uncertain destination. The rear turret, with three cannons like the front one, functions as also the base of the control tower whose column rises up like a minaret. From the square balcony at the top of the tower, people may have been called to prayer or given military orders.

In the atmospheric liturgies of *Purpose,* Anna Conway paints the imaginary with the clarity, accuracy, and evidence of a photographic eye, “with every inch being accounted for,” as the artist has stated. With the melancholic detachment of someone who depicts from memory a world that is lost because it has never occurred, she avoids both the graphic distortion of expressionism, the baroque exuberance of the surrealist oneirism, and the photographic mimesis of hyperrealism. Her painting adopts instead a transrealism, a realism that transcends social and historical connotations and references and if it cites them transforms them into improbable events whose identity remains deliberately suspended. This suspension intimately involves viewers, throwing them into a state of alarmed interrogation. “I am trying to articulate a story, although I never usually find or locate its climax,” the artist has said. In fact, it’s the painting itself that constitutes its climax: with the un-ending of its representation.

ANNA CONWAY

una conversazione con Bob Nickas

Bob Nickas: Forse ti sorprenderò con questa mia prima domanda, ma sono curioso di sapere: quando eri bambina, cosa avresti voluto fare da grande prima di scoprire che saresti diventata un'artista?

Anna Conway: Volevo aprire un rifugio per animali. Raffigurai l'Arca di Noè: avevo pensato addirittura di costruirlo a forma di arca. Nel corso del tempo mi è capitato di ospitare qualche cane trovatello, quindi si può dire che ho realizzato uno dei miei desideri d'infanzia. Da piccola sognavo di scovare il mostro di Loch Ness. Sarei diventata la Jacques Cousteau della mia generazione. Avrei condotto la mia caccia al mostro di notte, finché una mattina l'avrei scovato e domato, sconvolgendo il mondo. La grande impresa sarebbe avvenuta all'alba. Ero convinta che il motivo principale per cui non si trovava il mostro era il fatto che nessuno volesse stare sveglio l'intera notte – un'impresa che io non vedevo l'ora di realizzare. Quando mio padre leggeva il giornale la mattina, gli chiedevo sempre se c'erano notizie del mostro. Pensavo di essere in competizione con entità più grandi e sconosciute, impegnate come me nella caccia al mostro, che credevo fosse una missione planetaria.

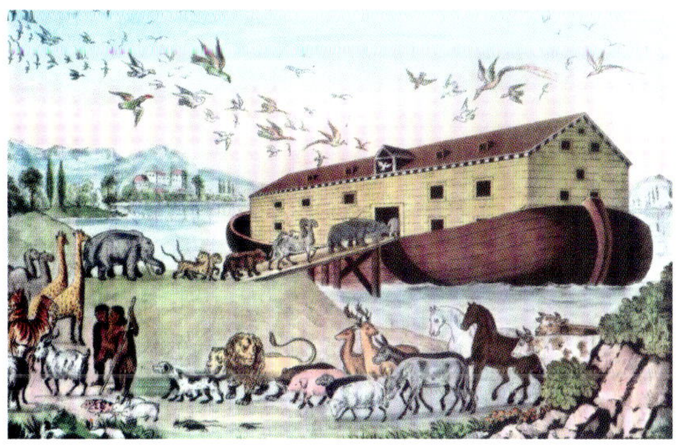

Nathaniel Currier, *Arca di Noè / Noah's Ark*
XIX secolo / 19th century

Quando andavo alle medie, sognavo di diventare una pianista famosa. Da adolescente, avrei voluto invece suonare la tastiera in una band. Una *jam session* assolutamente indecorosa al liceo ha infranto quel sogno, facendomi realizzare, con orrore, che le *jam session* non facevano per me. Successivamente ho deciso che avrei illustrato testi di biologia. Nella città in cui sono cresciuta si incoraggiavano le professioni pratiche, di servizio: e infatti è stato il mio consulente scolastico, un fumatore accanito, a suggerirmi quella carriera. L'idea di diventare artista come progetto di vita ha preso forma, quindi, abbastanza tardi. Quando me ne sono andata per studiare all'università, non conoscevo il nome di un solo artista vivente.

BN: Questa storia del mostro di Loch Ness non mi sorprende affatto: nei tuoi primi lavori appare spesso l'immagine dell'uomo in lotta con la natura, o in conflitto con una forza più grande e misteriosa. Mi viene in mente addirittura una sorta di parallelo: *3:54 pm, October 17th, 41 Degrees 46' N, 70 Degrees 31' W*, il quadro del 2001 nel quale si vede un gigantesco pallone aerostatico sospinto in mare da una tempesta. Il "mostro" in questo caso non è affatto sfuggente, ma non sarà mai catturato, mentre chi lo insegue finisce per trovarsi in una situazione molto pericolosa. È un altro tipo di follia, comunque basata sull'ossessione.

Tu sei una pittrice, ma penso che tu sia anche una narratrice/analista che lavora con le immagini, qualcuno che inventa personaggi intrappolati in situazioni impossibili o estreme, o persi nei propri pensieri. Cerchi di decifrare le azioni e non azioni o la rassegnazione di questi personaggi che abitano un mondo interiore anche metaforico, perché definito dai quattro lati del dipinto. Non mi sarei sorpreso affatto se avessi detto che da giovane sognavi di diventare una scrittrice o una psicologa. Può sembrare strano, ma il pallone aerostatico travolto dalla tempesta in mare è un'immagine quasi biblica dell'arca. Pensi si possa dire che i tuoi quadri nascono da una situazione o da un personaggio, così come accade per uno scrittore, e che tu ne disveli la narrativa man

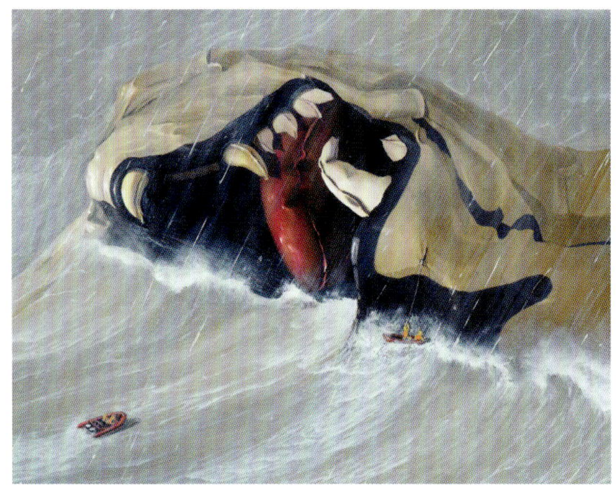

Anna Conway, *3:54 pm, October 17th, 41 Degrees 46'N, 70 Degrees 31'W*, 2001 (particolare / detail)

mano che li dipingi? In quel quadro offri anche informazioni precise circa luogo e data. Non si tratta di un evento accaduto chissà dove e chissà quando. Sembra ti interessino molto il quando e il dove e, in termini più analitici, il come e il perché.

AC: Una delle ragioni per cui i miei dipinti sono fisicamente così densi e complicati, occupati fino all'ultimo centimetro, è forse il fatto che non riesco ad analizzare le complicazioni della vita alla ricerca di una grande storia o di un filo narrativo lasciando da parte tutte quelle distrazioni e dettagli assillanti e onnipresenti. Quando immagino lo spazio dei miei quadri, mi sento un po' come Smiley, il personaggio dei libri di John Le Carré che si informa e si sofferma su tutti i piccoli dettagli. I miei quadri si occupano in qualche modo di qualcosa come l'effetto farfalla, chiedendo: "Che importanza ha questa persona o questo evento?". La risposta è, naturalmente, spesso inconoscibile. È il ragionamento che ho fatto quando ho scelto il titolo *3:54 pm, October 17th, 41 Degrees 46' N, 70 Degrees 31' W*. Mi chiedevo, cioè: "Che importanza ha ciò che è accaduto in questo momento e in questo luogo?".

C'è un desiderio di dare un senso alle situazioni, di trovare il punto di vista e riuscire a documentare o tradurre un'esperienza, di dare un significato nel tempo che ci è dato qui. Questo è narrare, e in questo senso, sì, hai ragione. Cerco di articolare una storia, anche se in genere non ne trovo o individuo mai il *climax*. L'ossessione del *climax* e della risoluzione della storia è la conseguenza della nostra cultura cinematografica. Sono anni che rifletto su come tradurre un evento, che sia trasformativo a livello ambientale – una grande tempesta o una situazione che prevede forze inconoscibili – o per l'interiorità del personaggio. Mi sembra spesso di raccontare delle storie per personaggi che non riescono, essi stessi, ad articolare le proprie esperienze trasformative. Forse è il mio modo di chiedermi se e come un individuo abbia importanza, e come ciò che fa produca conseguenze.

BN: L'arte è importante? È uno degli interrogativi che ha segnato l'arte del dopoguerra e, a partire dalla radicalizzazione e ridefinizione dell'arte iniziata a fine anni sessanta, ha riguardato soprattutto la pittura. La pittura è importante? La tua pratica, così metodica, impegnativa e impegnata, così interessata alla vita con tutto il suo peso di complicazioni e dubbi, e il suo *pathos*, riformula questi interrogativi e domanda: "Noi esseri umani siamo importanti?". E la tua risposta, la tua risposta pittorica, è: "Sì, lo siamo". I protagonisti di alcuni tuoi quadri hanno un nome: *Alejandro* (2005), che sta per essere intrappolato da un gigantesco telo gonfiato dal vento; *Leonardo* (2007), che pulisce gli uffici di notte e per qualche strano motivo si mette a fare le flessioni su una scrivania; e, nell'esempio forse più toccante, *Mrs. Lance Cpl. Shane O'Tolle and Mrs. Staff Sgt. Brandon Stevens* (2008), due donne che, come rivelano i loro nomi, sono sposate con soldati in missione al fronte per combattere. E che non si sa se torneranno. Nel frattempo, le due donne si dedicano a loro volta a una sorta di addestramento fisico: una blocca le caviglie dell'altra che fa una serie di flessioni in avanti. In assenza dei mariti, si sostengono a vicenda. Non solo sai dove si svolgono questi fatti, sai anche chi sono queste persone, e conosci le loro paure. Le conosci come se fossero individui in carne e ossa. Come fai a conoscerle? Le hai incontrate nella realtà? Alcune di loro si basano su esperienze vissute?

AC: Ti spiego una cosa riguardo ai miei personaggi: quando ho lasciato definitivamente la mia città natale, sentivo fortemente che il tipo di persone che ci vivevano mi avrebbe ossessionato a lungo. Avevano contribuito in modo importante alla mia formazione. In realtà sono riuscita a lasciare la città, e lo stato, più volte perché ho frequentato diverse università...

BN: Parliamo del Massachusetts.

AC: Esatto – Foxboro, in Massachusetts. Ma puntualmente mi ritrovavo senza soldi e dovevo tornare dai miei per lavorare e mettere da parte i soldi necessari a riprendere a studiare. È stata un'esperienza incredibilmente frustrante, e in quei periodi avevo la sensazione acuta di osservare e registrare i ricordi delle persone con le quali ero "intrappolata". Mi ripetevo in continuazione che non sarei finita "come quella donna " o "come quel genere di uomo". Se pensi che la cittadina in cui sono nata ha uno stadio dove giocano i New England Patriots, una squadra della National Football League, per noi ragazze (io e le mie sorelle) non c'erano molti esempi da seguire. Anzi, non ce n'erano proprio. Le due donne del quadro, le mogli dei soldati, esprimono esattamente la paura e la tristezza che provavo per le ragazze della mia età, destinate a diventare donne che avrebbero lasciato svanire le loro identità fino a farsi identificare esclusivamente con il cognome e il grado dei mariti. Quindi, per me, immaginare una vita futura fantastica è stato fin da subito come sbattere contro un muro. A 17 anni, avevo già partecipato all'organizzazione di diversi concerti ed eventi sportivi all'interno dello stadio, e avevo visto molte volte i Rolling Stones, i Grateful Dead e gli U2. Guardavo gli atleti impegnati nelle grandi partite di football e calcio, osannati da migliaia e migliaia di tifosi che urlavano a squarciagola per incitare i loro eroi. Vedere che erano solo gli uomini a ricevere tanta adorazione mi provocava un'alienazione terribile.

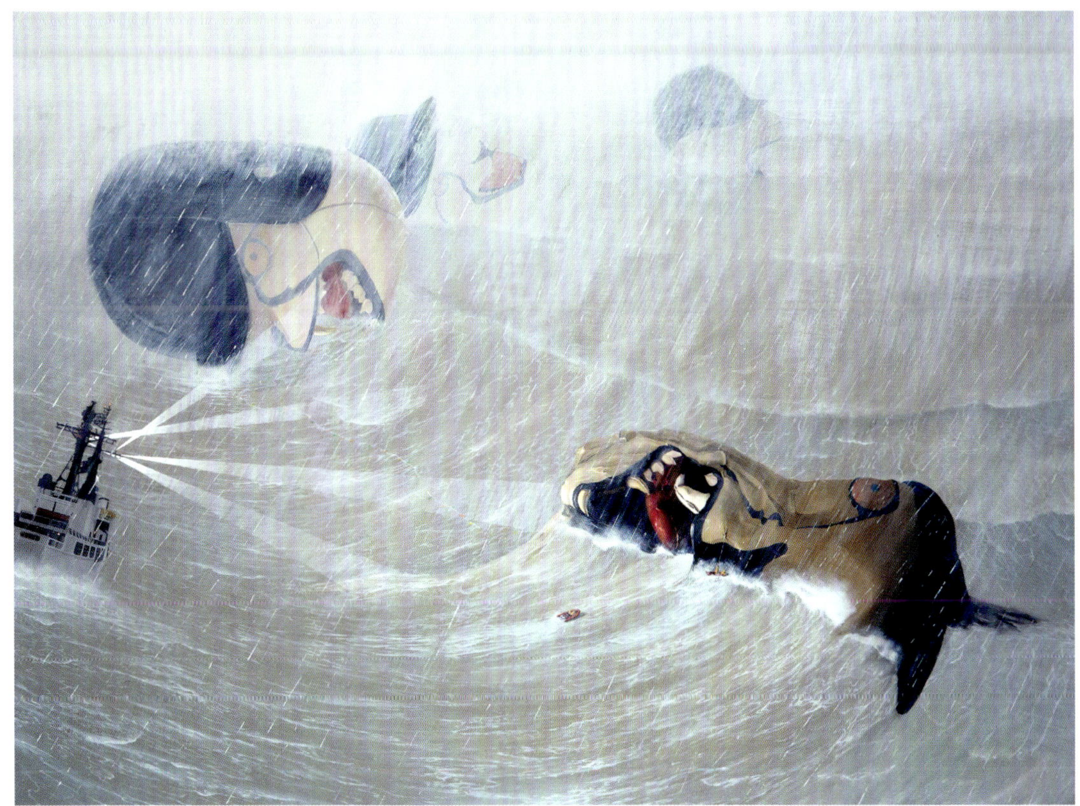

Anna Conway, *3:54 pm, October 17th, 41 Degrees 46'N, 70 Degrees 31'W*, 2001

BN. Una volta mi hai parlato di Mick Jagger e di come apparivano prevedibili e stanche le mosse che ripeteva sempre uguali sera dopo sera.

AC: La stessa esibizione, uguale identica, per una serie di spettacoli consecutivi. Mi ricordava il personaggio alla fine del *Mago di Oz*, quell'individuo piccolo e patetico che si nasconde dietro a una tenda. Non c'era proprio niente di mitico in Mick Jagger. La magia che avevo provato la prima sera – quando le luci dello stadio si erano abbassate e le migliaia di fan avevano iniziato a urlare al suono della musica che usciva dagli altoparlanti – era svanita per sem-

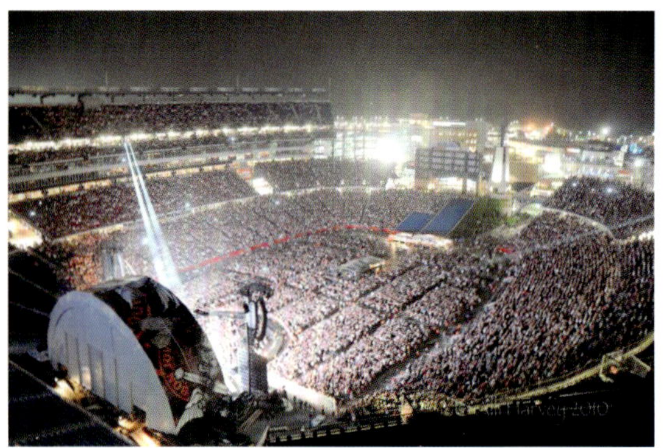

Stadio / Stadium, Foxboro, Massachusetts

pre. Come recita il titolo della bellissima canzone di Peggy Lee: *Is That All There Is?* ["Tutto qui?"]. Questo era il mio stato d'animo. All'università ho conosciuto Michael Joo, un artista che come me ha lavorato da ragazzo in uno stadio della National Football League. Abbiamo parlato dell'incredibile vertigine che ti prende quando osservi un grande stadio prima che si riempia e dopo che si è svuotato, e sembra di guardare il Grand Canyon. Ma quando le luci si riaccendono alla fine di uno spettacolo o di una partita, diventa orribile e deprimente: la magia scompare del tutto. Ci sentivamo entrambi un po' poeti di fronte al vuoto e al silenzio che segue la carica di drammaticità.

Interrogarmi su come e se conti la pratica della pittura, e su cosa delle sue qualità le conferisca significato e finalità – *Purpose*, cioè "finalità", è infatti il titolo della mia mostra – nella mia mente è perfettamente in linea con l'interrogativo su quanto possano contare e contino effettivamente i singoli individui. Ricordo bene di aver notato come i visitatori "guardano" la Monna Lisa esposta al Louvre. Guardavano proprio il dipinto. Stavano tutti in silenzio, anche se non succedeva nulla al quadro. Tutte le informazioni sulla sua creazione erano proprio lì, sepolte negli strati di un oggetto fisico che è stato toccato e ritoccato dal suo artefice. Il corpo di un quadro è un dato incredibilmente potente. Per molti versi il potere della pittura risiede nella sua fissità e nei suoi confini; nella sua fisicità. In questo senso è diversa anche dall'architettura, perché il suo potere deriva dalla densità della sua costruzione. Tutto ciò che conduce alla sua condizione attuale è contenuto in quegli strati. Come gli esseri umani, i quadri sono unici. Questo li rende fragili e vulnerabili quanto i nostri corpi, e forse altrettanto importanti e di valore?

BN: *Here Comes Everybody*, del 2003, rappresenta uno stadio con il campo da gioco disseminato di individui (probabilmente gli elementi di una banda musicale con le *cheerleader* durante l'intervallo di metà partita) disposti in modo da formare la sagoma di un gigantesco giocatore di football. Tutti quei corpi, quegli individui, si riuniscono per rappresentare l'eroe, la star. È un'immagine leggibile solo dall'alto, da una certa distanza, in una sorta di puntinismo umano che vede ogni persona ridotta a frammento o puntino di un'immagine più grande. L'anno successivo hai immaginato una scena che potrebbe svolgersi nello stesso luogo, ma qualche ora più tardi, quando lo spettacolo della partita, della gara e del divertimento si è concluso. In *Somebody Call Someone* (2004), tre addetti alla manutenzione fissano un collega che sembra paralizzato in una specie di performance. La scena, che si presenta avvolta da misteriose volute di vapore e luce nebbiosa, mi ricorda il *Fantasma dell'Opera*. Come tante altre figure delle tue opere, anche questa sembra in trance, e il titolo fa pensare allo spavento e all'incertezza che questo suscita nei suoi colleghi. Il personaggio principale è al centro del palcoscenico e, come il Fantasma, sembra intento a suonare un organo.

AC: In realtà sta riparando una macchina utilizzata per produrre una corrente impetuosa tipo rapide in uno specchio d'acqua artificiale perfettamente calmo. All'epoca pensavo fosse frutto della mia fantasia, invece quella macchina esiste davvero!

BN: C'è un terzo quadro, realizzato quattro anni dopo e senza titolo, che risulta ambientato in uno stadio e, insieme agli altri due, forma una sorta di trilogia. Il dipinto è dominato da una gigantesca cupola vetrata a raggiera completamente illuminata, al di sopra del campo da gioco buio e deserto. In primo piano si vedono le gradinate vuote e un passeggino anch'esso vuoto. Poco lontano, una donna su una sedia pieghevole tiene in grembo un bambino addormentato. Non si tratta semplicemente di una trilogia autobiografica realizzata nell'arco di sei anni, e che si può immaginare copra un arco di sei ore nel corso della stessa giornata, ma si conclude con ciò che sembra una previsione dipinta del tuo stesso futuro. Mi piace pensare che, in questo "dipingere il futuro", sia sufficiente fare una previsione che non deve necessariamente avverarsi. Naturalmente, la conclusione è rappresentata qui da una rilettura molto commovente e inaspettata – e totalmente moderna – di un tema canonico della storia dell'arte come la madre con il bambino.

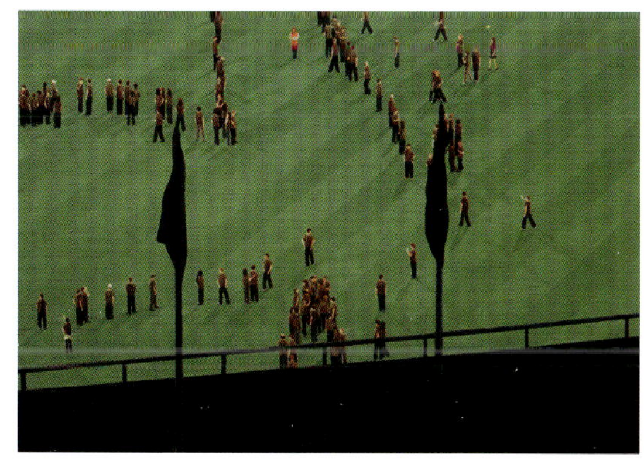

Anna Conway, *Here Comes Everybody*, 2003
(particolare / detail)

AC: Il secondo quadro ambientato in uno stadio, *Somebody Call Someone*, sposta l'attenzione dal gruppo di *Here Comes Everybody* per riportarla su un individuo, in questo caso denominato semplicemente *someone*, qualcuno. Rappresenta un operaio che tenta, da solo, di riparare un grande dispositivo meccanico che si trova all'interno di questo specchio d'acqua artificiale. Volevo mettere insieme elettricità e acqua, con un uomo nel mezzo. Il quadro riguarda le piccole azioni coraggiose compiute dagli individui per garantire alla nostra cultura sorpresa e divertimento costanti. Ho realizzato molte opere legate a situazioni potenzialmente pericolose che, lo so per certo, hanno riscontro nella realtà. Le storie restano in genere nascoste nelle persone e io voglio immaginarle, rivelarle ed esaminarle.

Il quadro della madre con il bambino riguarda una forma del tutto diversa di coraggio e invisibilità. Il parto è un evento assolutamente drammatico, e certo molto pericoloso, ma anche incredibilmente comune e generalmente invisibile nella nostra cultura. Volevo dipingere l'immagine di una madre con bambino circondati dallo spazio riservato allo spettacolo e allo stupore, ed eccoli qui, minuscoli e silenziosi in quel gigantesco luogo illuminato. Lo stadio del quadro è ispirato all'Astrodome di Houston in Texas, che ho visitato nel 2001. Allora era vuoto ma si poteva entrare per dare un'occhiata. All'epoca della sua costruzione, fu soprannominato l'Ottava Meraviglia del Mondo. Dopo l'Uragano Katrina è stato utilizzato come struttura di accoglienza per gli sfollati dall'inondazione di New Orleans. Ora è abbandonato, e accessibile esclusivamente agli addetti alla manutenzione e alla sicurezza.

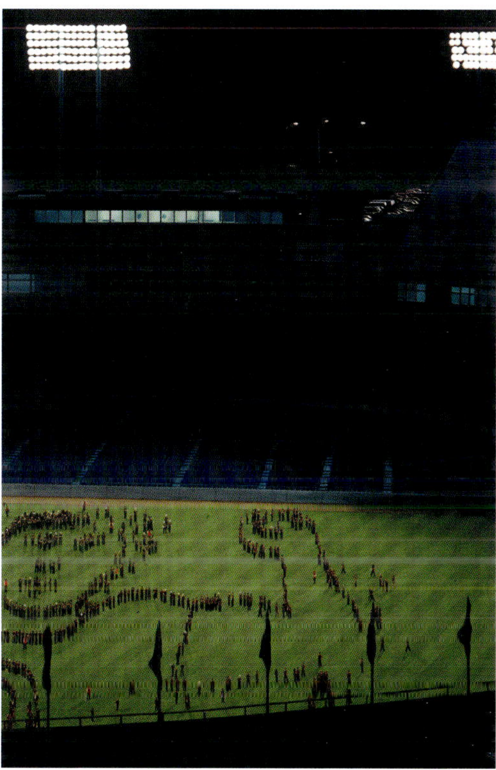

Anna Conway, *Here Comes Everybody*, 2003

Anna Conway, *Untitled*, 2008 (particolare / detail)

BN: Ora che dici questa cosa, mi viene da pensare che la grande cupola di vetro rappresenti la "nave madre", e che queste scene al contempo fantastiche e ordinarie abbiano un che di fantascientifico. Lo stadio è anche una sorta di osservatorio.

AC: Quello che mi è successo, da un punto di vista psicologico, è che ho preso coscienza del potere del femminile e del fatto che mi consentiva di osservare il mondo intorno a me da una posizione più "defilata". Ho accettato quello che consideravo il mio destino di appartenente al genere meno potente e interessante del pianeta. Ho assunto fin da subito il ruolo di osservatrice. Ho cercato con determinazione modelli femminili ai quali ispirarmi. Quando ero in prima media, mi hanno mandato a Washington D.C. con i finalisti di una gara indetta per il National History Day. Il progetto che avevo scelto di sviluppare, nell'ambito del tema "Trionfo e tragedia", riguardava Amelia Earhart. Mi sono presa la briga di trovare il numero di telefono di sua sorella Muriel e l'ho chiamata. A ripensarci oggi mi sembra davvero incredibile che sia riuscita a rintracciarla.

BN: All'epoca avevi solo 11 anni.

AC: Già, e in realtà Muriel ha accettato di farsi intervistare, anche se ci sono rimasta male quando mi ha detto che sua sorella non era una spia. Non ti so dire quanto avrei voluto che Amelia Earhart fosse stata una spia. Sentivo che le donne rimanevano quasi sempre dietro le quinte. Avevo un bisogno disperato di trovare donne dalle quali imparare. Nello stesso tempo, è anche significativo che mi sia trovata spesso a osservare uomini ridotti in situazioni di impotenza o di sottomissione ai quali ho pensato e con i quali mi sono relazionata. *Alejandro*, ad esempio, è un ragazzo che porta un grembiule e svolge il ruolo di uomo delle pulizie.

BN: Anche il personaggio di *Leonardo*, nome che indica una scelta tutt'altro che casuale, è un uomo delle pulizie ma si trova a svolgere un'attività virile, fisica come le flessioni, anche se non del tipo a una mano sola. Nel tuo lavoro compaiono regolarmente queste figure maschili prive di potere. Penso all'anziano triste di *Docent* (2013), che non ha visitatori da portare in giro nel museo coloniale, e all'uomo d'affari mezzo svestito del quadro senza titolo del 2012, che si appiattisce contro il muro d'angolo di una stanza al piano alto di un elegante edificio vetrato, simbolo di modernità e vulnerabilità, terrorizzato da un'inquietante voluta di fumo che si alza in lontananza. In *Docent*, il passato abita il passato. Nel quadro del 2012 c'è una sensazione palpabile che il futuro, rappresentato dalla paura per l'ignoto, sia già qui, sia già realtà. È un'immagine molto post-11 settembre, abbastanza distante nel tempo da essere scollegata da quel giorno particolare ma comunque percepibile come una foto da prima pagina di oggi per via del continuo ripetersi di eventi di quel tipo, per quanto sia obiettivamente difficile immaginare l'esistenza di una foto del genere. Dico questo per sottolineare sia il suo potere di trascendere un punto nel tempo che è passato sia il potere che ha la pittura di farci vedere un momento rappresentabile solo attraverso l'immaginazione. In questo quadro, tu non ci fai vedere un momento: rappresenti il modo in cui quell'uomo lo ricorderà. Quindi, sei più di un'osservatrice o una spia. Come dicevo prima, sei una narratrice. Puoi portarmi in quella stanza vetrata e dirmi come hai creato quel personaggio, la sua narrativa interiore, come hai rappresentato e inteso quel momento nel tempo?

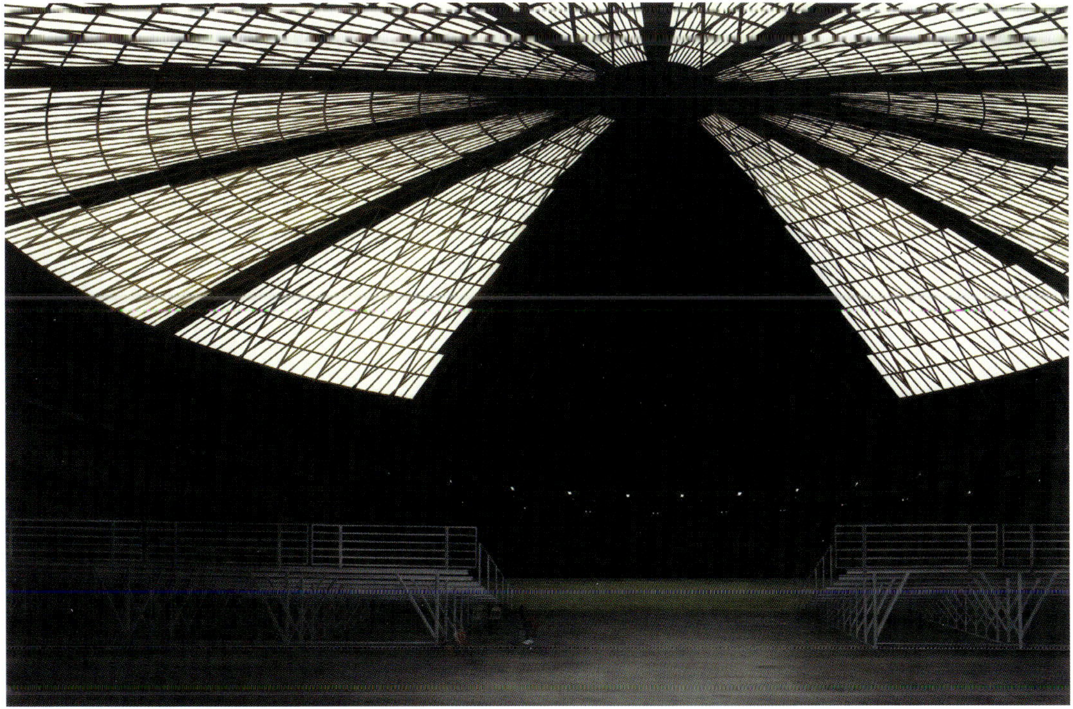

Anna Conway, *Untitled*, 2008

AC: Il quadro dell'uomo senza pantaloni che guarda dalla finestra un incendio nella città è in sostanza la rappresentazione di come il personaggio ricorderà quell'evento, anche se è improbabile che lo racconterà in quel modo. In un certo senso, è l'archetipo del potere. È un uomo alto, forte, bianco e benestante. Nel mio quadro, il suo mondo è in qualche modo in pericolo. È intrappolato e spaventato. Il fatto che il suo appartamento sia come un acquario, senza tende o persiane, gli impedisce di nascondersi. Penso a quel quadro come la parte della storia destinata a rimanere nascosta.

BN: Perché successivamente non ammetterà di essersi addossato al muro per la paura, letteralmente sorpreso con le brache calate.

AC: Proprio così. L'incendio è solo un piccolo evento che però lo spaventa. L'identità di prima a cui era tanto legato svanisce in un attimo, se ne va in fumo. L'unica cosa che esiste è quel momento che non ammetterà mai. Mi piace quando i miei quadri sembrano trattenere il respiro, proprio come fa il personaggio.

BN: Può darsi che sia stato risucchiato l'ossigeno fuori dalla stanza. E questo può valere sia per gli interni che per gli esterni. Lo si vede per esempio in *Pound Of Cure* (2004), con le tre figure che tentano di raggiungere qualcosa che si trova sotto la superficie di un grande specchio d'acqua scura, in *Trance* (2006), con l'uomo completamente ipnotizzato da una pozza blu sul tetto di una

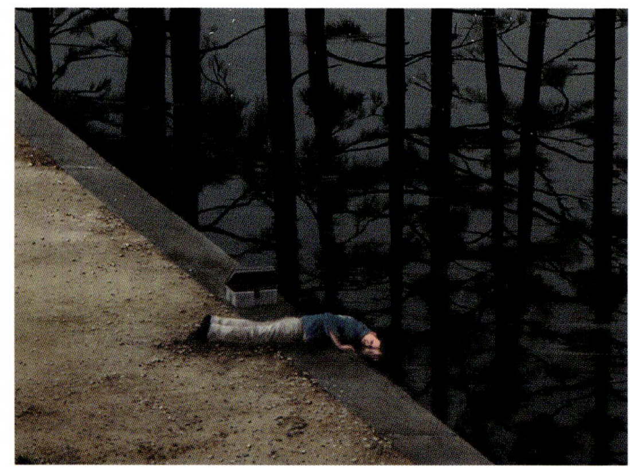

Anna Conway, *Pound of Cure*, 2004 (particolare / detail)

casa, e in *Twenty Fourth Sunday In Ordinary Time* (2007), dove una coppia osserva con attenzione un grande tronco d'albero mozzo per contare gli anelli e l'età del gigante scomparso. Sono certo che ti ci sono volute settimane per dipingere la linea sottile di ogni singolo anello. Questo mi fa pensare a un aspetto più importante del tempo richiesto dall'esecuzione. Tendiamo spesso a pensare che le forme artistiche basate sul tempo siano il cinema, il teatro e la danza. Ma anche la pittura può essere considerata una forma artistica basata sul tempo. Nel tuo lavoro non incontriamo semplicemente momenti in cui i quadri sembrano trattenere il respiro perché lo fanno i personaggi o perché inducono questa reazione in chi guarda. C'è dell'altro. Nei tuoi quadri è successo o sta per succedere qualcosa. C'è una pausa o un'interruzione, un intervallo o un momento tenuto in sospeso. Trovo che questo sia incredibilmente aderente a ciò che accade nella realtà. Guardare, aspettare, l'aspettativa di ciò che può accadere in seguito, interrogarsi su ciò che è appena successo, ciò a cui stiamo assistendo in questo momento.

Tu sei più che realista, o iperrealista – che in ogni caso è la pittura che mira a riprodurre il fotografico. Spesso dipingi cose che non si vedono. C'è un tuo quadro che considero come il più banale e al contempo il più mistico, dal titolo del tutto appropriato: *A Vision* (2006). Si vede un ragazzino piuttosto anonimo che unisce indici e pollici in modo da creare un visore, un dispositivo di inquadramento rivolto a un punto a distanza che non vediamo, a parte l'indizio dato dalla luce che entra da una finestra e si riflette sul pavimento e sulla parete. Qualunque cosa sia, la vede solo lui, e forse esiste solo negli occhi della sua mente. Mi fa venire in mente l'espressione "vedere è credere" perché, anche se nei quadri e nella tua pratica c'è un dubbio palpabile, alla fine sembri affermare che dipingere è credere. Chi è questo ragazzo? Cosa vede che a noi sfugge?

AC: *A Vision* è in realtà un'opera abbastanza autobiografica che ho realizzato subito dopo aver saputo dai medici della remota possibilità di avere figli senza sottopormi a un intervento chirurgico importante. Ho passato molto tempo negli studi di ginecologia, a fissare le pareti e gli arredi delle sale d'attesa e degli ambulatori, che nel quadro si riflettono nelle pareti e nella moquette dalle tenui tonalità sul viola. Dopo aver saputo che il mio era probabilmente un "utero sterile" (un'espressione pomposa che mi ripetevo continuamente e che finiva per alleggerire quei momenti altrimenti pesanti) ho vissuto sbalzi d'umore violenti. Quando immaginavo la gioia della maternità e mi rattristavo perché probabilmente non l'avrei vissuta, mi appariva la visione della madre con il neonato – di me che stringevo al petto un bimbetto paffuto.

BN: Ricordo di averti parlato di questo quadro quando è stato esposto per la prima volta, e di come mi aveva sorpreso. Non avevi mai creato un'immagine come quella prima, così spoglia e apparentemente svuotata. Non sapevo nulla di ciò che avevi passato. Avresti potuto parlarmi del bambino che avevi immaginato e che avevi paura di avere.

AC: Con il passare delle settimane il dramma della diagnosi ha cominciato ad attenuarsi, così ho deciso di non sottopormi all'intervento e ho cominciato a immaginare il bambino dei miei sogni a occhi aperti, come un adolescente impacciato. Questo mio figlio immaginario aveva

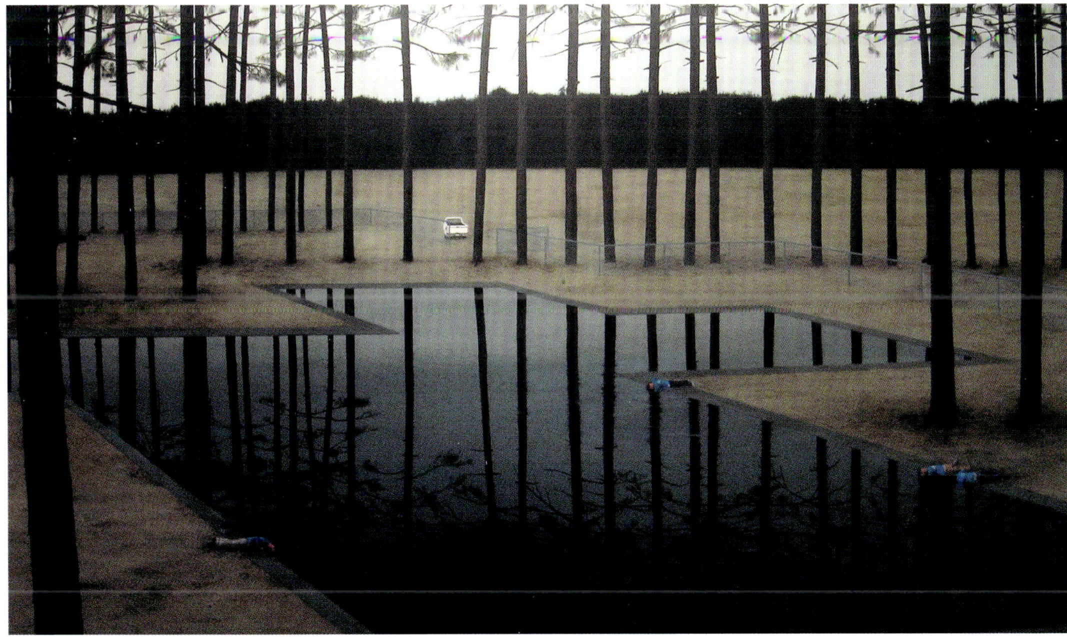

Anna Conway, *Pound of Cure*, 2004

baffetti scuri e radi e una corporatura esile. Per risollevarmi da quella tristezza lo immaginavo con addosso una T-shirt extra-large con l'immagine di una donna sexy seminuda – non proprio un figlio di cui andare fiera come madre – che mi accompagnava dal ginecologo. La "visione" che mio figlio ha nel quadro, con le mani a formare un obiettivo attraverso il quale vede qualcosa che per lui è importante, lo redime. Cerca un modo per uscire dall'imbarazzo del momento che sta vivendo, e vede qualcosa di meraviglioso che lui soltanto riuscirà a tradurre un giorno nel suo futuro. Mi sono sentita molto vicina a quel personaggio quando ho terminato il quadro. Penserai che sia una cosa davvero sdolcinata, ma mi sentivo come Ebenezer nel *Canto di Natale* di Dickens: era come se avessi vissuto un'altra vita.

BN: Non abbiamo ancora parlato di come nasce un tuo quadro. So che non fai disegni preparatori di alcun tipo. Esegui lo schizzo iniziale direttamente sulla tela, così come prima lo eseguivi su pannello, il tuo supporto preferito fino al 2011. So che ti capita spesso di tornare sulla composizione anche a quadro iniziato, a volte anche a distanza di tempo, come a voler ricominciare più volte. C'è un processo costante di traduzione del pensiero che ti accompagna nell'avvicinamento ai personaggi e alla situazione e a come questa evolve una volta riportata su tela.

AC: Le fasi iniziali dei miei quadri sono sempre molto atmosferiche e astratte. Sembrerà strano, ma spesso, per scegliere l'atmosfera o il colore da cui cominciare, immagino il suono nel quadro. L'elemento che domina in assoluto in tutti i miei lavori, anche alla fine, quando magari mi trovo a risolvere tecnicamente una distesa di sassi, è l'atmosfera della luce e dell'aria. Il momento della giornata, il tempo che fa, la temperatura confluiscono fin da subito nel quadro e finiscono per informare la costruzione degli spazi e delle figure. I suoni all'interno degli spazi che sto inventando mi aiutano a scegliere i colori e il tono. Gli esseri umani, fin da molto piccoli, sono condizionati dall'atmosfera dell'ambiente e in molti miei lavori esamino il modo in cui sono creati gli spazi artificiali per generare una determinata percezione in chi li occupa. Spesso i miei quadri illuminano personaggi sospesi in una concentrazione profonda, e io immagino che non emettano alcun suono. Anche il suono del silenzio cambia a seconda dello spazio di quel silenzio: ad esempio, lo spazio di una chiesa rispetto a quello di un parcheggio.

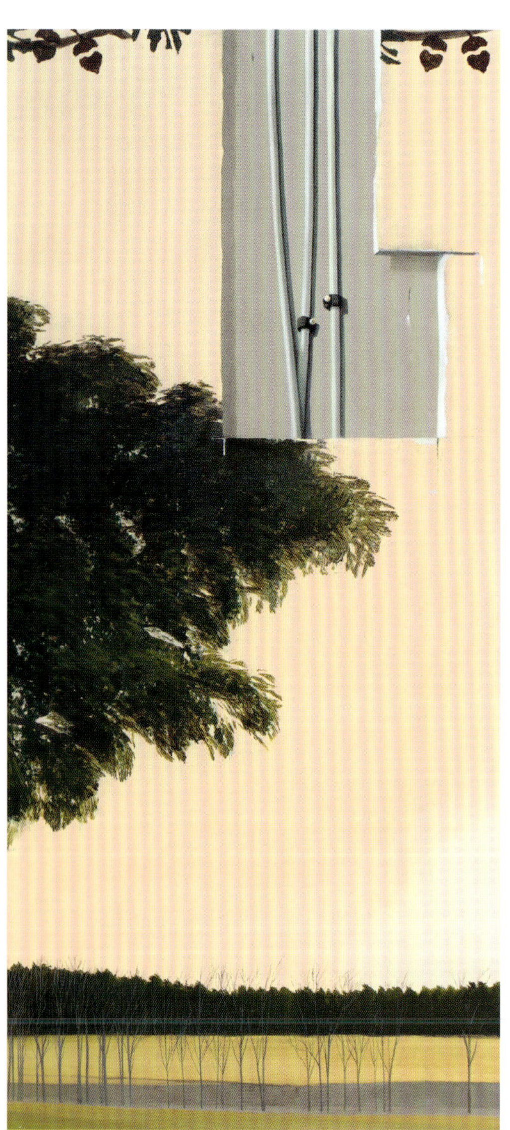

Anna Conway, *Peaceable Kingdom,* 2012 (particolare / detail)

Parte 2 *I quadri, più o meno oggi*

BN: Il suono del silenzio diventa percepibile quando è lo spazio nella testa di qualcuno, che tu articoli nel lavoro che ha portato a questa esposizione, *It's not going to happen like that* (2013). È un quadro che hai modificato radicalmente, dato che in origine prevedeva una figura che hai eliminato, al fine di renderne la presenza e lo stato d'animo più spettrali e ancora più vividi. L'assenza ne esalta ulteriormente la presenza.

AC: In principio avevo previsto una grande figura maschile che occupava gran parte del minuscolo bagno. La figura, che aveva una schiena enorme, portava una T-shirt bianca. Credo che il passaggio dal figurativo al non figurativo sia iniziato quando ho immaginato che la maglietta avesse una parola o un'immagine sul dorso. Mentre ci lavoravo, ho capito che avrei potuto eliminare l'uomo del tutto e trasformare il suo corpo in un post-it attaccato allo specchio. Il post-it sostituisce l'uomo. Mi piace molto l'effetto che sorprese come questa possono avere su un quadro. C'è una componente di magia.

BN: Il pensiero interiore del personaggio diventa il tema di un quadro che riunisce spazio interno ed esterno. Siamo dentro a un bagno ma le pareti tappezzate o dipinte ci offrono l'immagine di un paesaggio idealizzato, una casa su un lago, con alberi in primo piano e una boscaglia lungo una costa più lontana. Quando l'ho visto per la prima volta, non mi era chiaro cosa stavo guardando; l'ho capito solo quando ho notato l'interruttore color avorio sulla parete, posizionato in corrispondenza della riva del lago e di una ringhiera dipinta. Sulla parete dipinta – il quadro dentro il quadro – uno specchio ha l'effetto di disorientare spazialmente questa scena altrimenti quotidiana. Nel riflesso vediamo una pianta in vaso poggiata su un alto armadio che si confonde con gli alberi e il verde in un generale effetto *trompe-l'oeil*.

Questo quadro si ricollega a un altro realizzato lo stesso anno, *Peaceable Kingdom*, nel quale il 95% dell'immagine risulta essere uno sfondo dipinto. L'elemento rivelatore è un taglio che ci fa vedere i cavi elettrici, in una scala che sembra reale, posti dietro la parete. Questo poi attira la nostra attenzione sul motivo di tralci intrecciati dipinto lungo il lato superiore, l'indizio decisivo che si tratta di puro artificio. Mi ha fatto pensare alla scena del film *The Truman Show* in cui Jim Carrey cerca di scappare e si incaglia con una barca a vela nella gigantesca volta dipinta del cielo. Il mondo che Truman conosce è in realtà il set di un *reality show* televisivo. In *Peaceable Kingdom*, il qua-

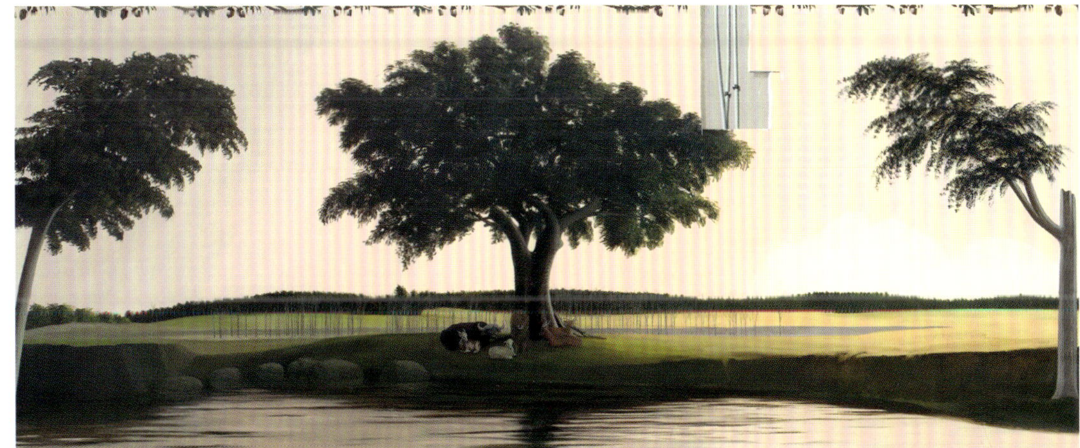

Anna Conway, *Peaceable Kingdom*, 2012

dro-dentro-il quadro è idealizzato come quello della parete del bagno. Vediamo alcune mucche che oziano sotto un grande albero, uno specchio d'acqua in primo piano, l'orizzonte scintillante al di là di basse colline. Se nei tuoi lavori precedenti ci capita spesso di osservare scene in cui l'uomo si contrappone alla natura, in questi dipinti la natura è un'immagine totalmente frutto della nostra immaginazione – una facciata finta che è sempre lo spazio della pittura?

AC: Il riferimento che fai a quel film e in particolare al tentativo di fuga del personaggio è interessante perché penso spesso all'uso della pittura come veicolo di fuga o forse anche di trasformazione. Mi piace molto il fatto che il personaggio interpretato da Carrey finisca per cozzare davvero contro una parete dipinta quando tenta di fuggire. L'orizzonte che sembrava lontano è in realtà così vicino che non può evitare di sbatterci contro. La fuga nello spazio rappresentato nei quadri mi ricorda un episodio particolare legato all'esposizione che ho organizzato nel 2007. Allora il direttore della galleria ha ricevuto una lettera da un detenuto della prigione di Folsom che chiedeva di ricevere le riproduzioni di alcuni miei dipinti da appendere in cella. È un episodio a cui ripenso spesso. Chissà se voleva le riproduzioni per immaginare, guardandole, di fuggire al loro interno. Ho riflettuto spesso su come quella persona immaginava di arredare la sua cella. Che sfida curatoriale incredibile sarebbe – uno spazio così ristretto organizzato come una scatola di Joseph Cornell.

Mentre lavoravo a questi due quadri, riflettevo fondamentalmente sulla finalità della pittura, e anche sulla fuga. Entrambi presentano un'immagine realizzata direttamente sulla superficie delle "caverne" di cartongesso nelle quali viviamo, e ognuno rappresenta la natura, nello specifico una natura del tutto idealizzata. Le opere pittoriche più antiche di cui si ha notizia risalgono a circa 40.000 anni fa: sono pitture realizzate sulle pareti delle caverne da chi probabilmente ci viveva. Ovviamente non sappiamo quale pulsione abbia portato a quelle creazioni, ma è affascinante rifletterci. La cosa interessante è che spesso rappresentano animali visti all'esterno. Capita di leggere sui giornali di quei collezionisti che si aggiudicano opere d'arte che valgono milioni di dol-

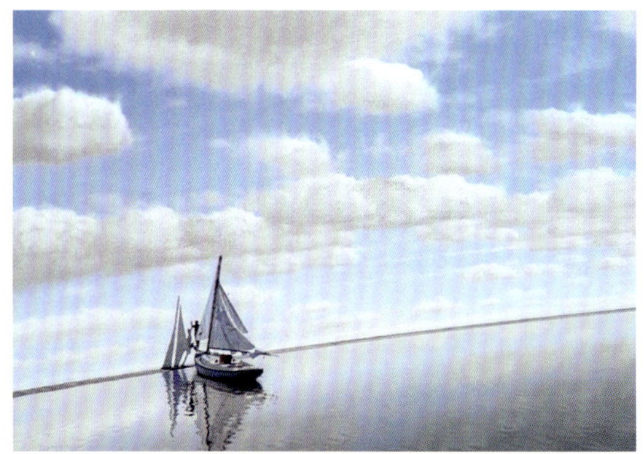

The Truman Show, 1998, film still

lari: l'articolo si interroga spesso sull'equilibrio mentale di persone disposte a sborsare cifre così ingenti. Sicuramente si acquistano opere d'arte come forma di investimento, ma spesso sembra che i collezionisti sappiano qualcosa che tutti noi sospettiamo, e cioè che una opera d'arte davvero grande ha il potere di cambiarti la vita. Pensavo a chi potrebbe aver commissionato pitture murali come quelle dei miei due quadri, cioè immagini della natura da cui farsi avvolgere nella propria casa – un po' come le scene di bisonti rappresentate nelle caverne preistoriche – perché desideravano fortemente quell'esperienza visiva.

BN: Hai parlato dell'aspetto trasformativo dell'arte e della sua magia come di qualcosa in cui credi, anche se ti occupi esclusivamente di pittura e non di performance, rituali o cose simili. Per completare *It's not going to happen like that*, hai ricoperto la figura umana. Ma quando entriamo nella galleria e guardiamo il quadro, ci ritroviamo davanti allo specchio. Il post-it è un surrogato della figura assente, e la scala vicina al vero dell'immagine ne aumenta la plausibilità. Quando leggiamo il messaggio sul post-it, ci sembra di sentire la voce della persona. Riesci a renderci parte del quadro anche se non ci vediamo personalmente riflessi. Dopo tutto, è uno specchio dipinto. Ripensando al detenuto che ti ha scritto chiedendo le riproduzioni dei tuoi quadri per la sua cella, non posso fare a meno di chiedermi che valutazione darebbe di *Devotion* (2015), dell'uomo disteso sulla branda in uno spazio grigio e nudo, silenzioso e solitario, con un manifesto appeso al muro che rappresenta una foresta di maestose sequoie e sotto l'immagine, un obiettivo dichiarato: RESOLVE [RISOLVERE]. Sembra quasi che, sette anni dopo, tu abbia dipinto proprio il detenuto che ti aveva scritto. Dimmi dell'uomo disteso. Chi è? Da dove viene?

AC: L'uomo disteso è un agricoltore o un allevatore moderno, come un pastore che si occupa di un gregge di pecore. In questo caso, si occupa di una mandria di bovini destinati all'industria alimentare. Ho sempre voluto fare un quadro a tema agricolo. Mia madre è cresciuta in una piccola fattoria dove si allevavano e macellavano bestiame e pollame. Penso a questo agricoltore come a un uomo in trappola, una sensazione che riguarda tanti nel luogo di lavoro. Non sbagli di molto quando ipotizzi che si tratti proprio di quel detenuto. Nei tanti lavori che mi sono trovata a fare, ho sempre pensato che può capitare a chiunque di sentirsi in trappola o in prigione nel proprio luogo di lavoro. Come in molti piccoli uffici che ho visto, anche sul muro di questo agricoltore c'è un "poster motivazionale". Si è anche ricavato un piccolo spazio vitale come fanno tanti nel proprio ufficio. Sia in *It's not going to happen like that* che in questo quadro, c'è qualcosa appeso al muro – il post-it e il manifesto con le sequoie – che funge da memento dello stato d'animo al quale aspira la persona che abita quello spazio. Trovo sempre affascinanti e anche un po' inquietanti le note o i promemoria che le persone hanno o si creano come incoraggiamento per "andare avanti". Non puoi fare a meno di chiederti cosa succede se lo stratagemma non funziona. Cosa capita se l'uomo di *Devotion* non riesce a trovare questa risoluzione (RESOLVE)? Cosa gli fa paura esattamente della propria mente o volontà?

BN: Ti capita spesso di dipingere un quadro dentro un quadro, o di collocare in una scena un oggetto di provenienza esterna che può apparire estraneo allo spazio rappresentato. Un'immagine di maestose sequoie è piuttosto lontana da una grigia azienda agricola industriale. Il senso di alienazione è accentuato dal gigantesco cartellone pubblicitario, normalmente riservato a messaggi di grandi dimensioni, che risulta muto, privo di messaggio. Se lo immagini come monocromo, o una tela che attende l'immagine che la occuperà, potrebbe essere un altro quadro dentro il quadro. Il post-it è la rappresentazione di una voce interiore che parla in modo affermativo o per negare risolutamente l'accettazione di ciò che la vita ha in serbo per noi, e quindi rappresenta un'alienazione rispetto al quotidiano. Dopo tutto, non puoi difenderti dal fato. E parlando di uffici, quello che hai dipinto in *Perseverance* (2015), uno spazio totalmente asettico, deserto e vuoto, ha un quadro dentro il quadro davvero singolare: un'immagine delle statue dell'Isola di Pasqua. È una scelta quanto meno inaspettata che non credo tu abbia compiuto fin dall'inizio. Come sei arrivata a inserire un'immagine tanto iconica all'interno di un ambiente altrimenti così privo di caratterizzazione? Di nuovo, è un portare l'esterno all'interno – una forma moderna di pittura delle caverne.

AC: Per questa mostra pensavo ai momenti molto privati e personali in cui gli adulti quando parlano tra sé e sé o cercano la forza per superare un momento di difficoltà o di noia, o quando sono spaventati. Pensavo ai momenti in cui una persona è paralizzata nell'intimità del momento, o si sveglia nel cuore della notte e si sente disorientata come quando era un bambino. Questo è *Determination* (2015).

BN: È il tuo notturno, l'appartamento vetrato di notte, con la scultura africana sul piedistallo che si riflette nella finestra oscurata, e si guarda allo specchio. Questo oggetto è una versione domestica delle teste dell'Isola di Pasqua, ridimensionate ma pur sempre scultoree. Il manifesto è esattamente questo, stampato e bidimensionale.

AC: Quando sono arrivata a dipingere il manifesto, pensavo alle persone che soffrono di insonnia e si mettono a guardare la programmazione televisiva proposta tra l'una e le quattro di notte. È capitato anche a me di sedermi davanti al televisore a quell'ora per ritrovarmi puntualmente a guardare insulsi documentari su posti come l'Isola di Pasqua o i siti delle piramidi egizie. Per me quei programmi sono come favole della buonanotte per adulti. Quale modo migliore per fuggire dal tuo presente prosaico o preoccupante di un viaggio mentale che ti propone la magia di un popolo venuto prima di noi? Trovo questi documentari deprimenti ma anche in qualche modo divertenti. Ti seducono con l'idea che in quel luogo appartenente al passato sia accaduto qualcosa di assolutamente magico e misterioso, ma alla fine del programma intuisci la spiegazione più logica – e banale – che cancella tutto il mistero. Eppure si continuano a produrre questi programmi, così come i turisti continuano a visitare questi monumenti e a cadere in trance al loro cospetto. Il manifesto con le teste dell'Isola di Pasqua si trova nell'ufficio per ricordare a chiunque ci lavori di portare rispetto, di rendere omaggio all'impresa umana mentre trascorrono la loro esistenza di lavoro monotono in quello spazio anonimo.

BN: Ora che dici questa cosa, mi viene in mente che avevi creato in passato immagini che potrebbero essere interpretate come la rappresentazione di sogni ansiosi, e ora dipingi la casa dell'insonne – e se non dormi non hai accesso al tempo onirico – o il disorientamento che si prova quando ci si sveglia nel cuore della notte. Immagini un punto in cui si scontrano realtà parallele. L'uomo disteso in *Devotion* dorme. Cosa starà accadendo nella sua mente? Quali scene si stanno sviluppando nel suo inconscio? Forse sogna una gigantesca nave sospesa in mezzo a un campo, lontana miglia e miglia dall'oceano, pesante ma capace di galleggiare. Come è arrivata fino a lì? È una sorta di miraggio. È

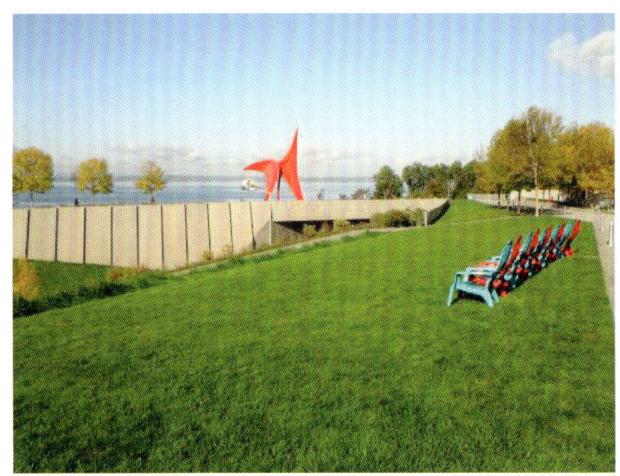

Olympic Sculpture Park, Seattle, con una scultura di / with a sculpture by Alexander Calder

irrazionale. Rimane immersa in un paesaggio. Hai spiegato che galleggia su un oceano verde. Il tuo riferimento alle piramidi mi fa pensare alla nave come a una sorta di Sfinge. Forse hai dipinto un'immagine come questa per realizzare un desiderio, il tuo bisogno di ricreare una magia e un mistero che secondo te sono stati spiegati frettolosamente e negati.

AC: *Potential*, il quadro con la grande nave a cui ti riferisci, rappresenta un grande campo individuato per ospitare un parco pubblico di sculture. Ho immaginato che un artista fosse entrato in possesso di una nave da guerra in disarmo e che l'avesse fatta trasportare lì, ovviamente facendo sborsare una cifra folle al suo collezionista o a un fondo pubblico per l'arte. Amo il tuo paragone con la Sfinge. Sicuramente ho pensato che questo artista volesse suscitare una reazione forte nel pubblico. La sua grande speranza, trasferendo quel gigantesco oggetto costruito dall'uomo, sarebbe quella di suscitare lo stesso effetto di sorpresa dell'incontro con le teste dell'Isola di Pasqua o con le piramidi in Egitto. Nel mio quadro, la magia è presente ma il parco è anche in mezzo al nulla, e non ci sono visitatori, a parte uno – tu, l'osservatore del dipinto – che guarda la nave dall'alto di una collina incolta. In un certo senso, immagino che l'osservatore stia magari avendo l'esperienza trascendente che l'artista desiderava. Ma chi guarda è qui da solo, non ha nessuno con cui condividere l'esperienza. Nessuna foto può essere abbastanza grande da contenere l'esperienza fisica di trovarsi lì. Quindi la magia può anche esistere, ma è fragile e sfuggente.

BN: Con il titolo *Potential*, così come tutti i tuoi titoli "motivazionali", ci fai pensare involontariamente ai nomi di navi del passato, come la sfortunata Endurance di Ernest Shackleton, e del presente, come la navicella spaziale Endeavour. Questa immagine ci riporta a terra, non solo alla circumnavigazione del globo, ma all'espansione verso ovest negli Stati Uniti e al destino manifesto. Quindi si tratta anche, in questo duplice senso, di un'evocazione della pittura storica. Hai presente l'espressione "scatta una foto, durerà più a lungo"? Secondo me è più adatta alla pittura. Dipingi un'immagine, durerà più a lungo. Quando l'immaginazione registra un'immagine – e una macchina fotografica di immaginazione non ne ha – questa può rappresentare qualunque cosa: ciò che non è lì e non ci sarà mai. Naturalmente, "lì" non è nemmeno un luogo fisico. Tu credi a un luogo mentale, una pista di atterraggio generalmente nota come piano dell'immagine. La gigantesca nave da guerra può anche essere una nave fantasma, un oggetto che articola o invade il piano dell'immagine fisicamente, ma come un'assurdità, un intervento onirico. Avresti potuto dipingere un visitatore in questo parco di sculture, ma non l'hai fatto. La persona che entra nella galleria dove è esposto il quadro diventa l'osservatore più prossimo alla scena, perché si trova appena fuori dalla cornice, nello spazio reale. In questo senso, espandi i limiti della pittura. Tu affermi che i limiti di un dipinto, dipingendolo, sono elastici. Non sono solo i limiti del mondo, ma della mente.

Non mi è mai piaciuta l'idea di un parco di sculture. La natura offre già un'esperienza scultorea, pittorica, performativa, filmica e uditiva. Perché mai l'arte dovrebbe ridurla a un piedistallo verde? Oltre alla nave da guerra hai inserito nell'immagine una scultura rossa alla Calder che appare come un nonnulla inconsistente rispetto al contesto e alla nave stessa. Secondo me è un tuo commento sulla scultura pubblica, e avrebbe potuto essere ancora più ridicola solo se fosse apparsa sul ponte della nave. Se questo parco esistesse davvero, con quell'oggetto gigantesco incastrato nel paesaggio, non potrebbe mancare un negozio di souvenir dove comprare grandi manifesti con questa immagine da portare a casa e appendere sulla parete di una camera da letto o di un ufficio: in questo modo potrebbe diventare il tema di uno dei tuoi quadri. Parlavo prima della ricorrenza dei quadri dentro ai quadri nel tuo lavoro. *Potential* può essere interpretato come un quadro fuori da un quadro, e in questo senso presuppone l'inverso dello spostamento spaziale che presenti nei quadri con lo specchio del bagno, il soggiorno nella torre vetrata, l'ufficio desolato e l'azienda agricola industriale. Mi appare evidente il posto che questa immagine occupa, in quanto rappresentazione conclusiva, nella sequenza di questa serie di nuove opere, anche se non sono del tutto certo che tu l'abbia concepita in questo modo. Oltre a ciò che vediamo al loro interno, nel modo in cui tu li abiti figurativamente ed emotivamente, questi quadri rappresentano anche un viaggio che hai intrapreso senza conoscere la destinazione, e questa è la metafora conclusiva di tutto il tuo lavoro, che ovviamente viene dalla tua vita.

AC: L'espressione "luogo mentale" è perfetta. Trovo così interessante osservare le persone che si trovano in uno stato mentale per cui le guardi e ti chiedi esattamente: "dove si trovano adesso?". E qualche volta mi è capitato di fare un quadro per rispondere a questa domanda. Una mia amica lavora come psichiatra in un ospedale per veterani e racconta delle trance in cui cadono i suoi pazienti come di "tempo perso". Ai suoi interlocutori che rimangono a lungo con lo sguardo fisso sulla parete o fuori dalla finestra lei chiede: "dove ti trovi ora? In Iraq?". Io produco immagini di luoghi che nella mia immaginazione provengono dalla mente di qualcun altro. Anche quando dipingo un luogo banale e realistico, come il bagno di *It's not going to happen like that*, si tratta di uno spazio che qualcuno ha organizzato come riflesso o estensione di sé stesso. Lo spazio parla per la persona.

È generalmente sorprendente per me vedere dove vanno a finire alcuni dei miei quadri. Per quest'ultima opera della mostra, volevo abitare la mente di un artista, anche se un artista molto diverso da me. Ho immaginato come gli artisti ipoteticamente invitati a presentare le loro opere in questo paesaggio particolare potessero sentirsi sopraffatti dalla vastità del luogo. Vedo le sculture che, come sostituti dei loro artefici, si sforzano di trasmettere un messaggio al cospetto della presenza schiacciante del cielo e della quinta di alberi che minaccia di silenziare qualunque comunicazione. Quando una parte così importante del nostro viaggio attraverso la vita si compie in luoghi mentali, viene da interrogarsi sui sistemi di navigazione.

BN: Questo è il luogo in cui la vita reale incontra il tempo onirico.

AC: Uno scienziato ha descritto i sogni come il nostro modo di organizzare gli eventi che ci sono capitati in modo da prepararci ad affrontarli meglio in futuro. La tua interpretazione di *Potential* come la rappresentazione di una gigantesca nave fantasma è probabilmente un'intuizione azzeccata. Forse il mostro di Loch Ness è finalmente emerso... nel mio lavoro.

ANNA CONWAY

A CONVERSATION WITH BOB NICKAS

BOB NICKAS: This may seem an unexpected way to begin but I'm wondering, when you were a child, what did you think you might become before you knew you would be an artist?

ANNA CONWAY: I wanted to run my own animal shelter. I pictured Noah's ark. I even thought to build an ark as my shelter. There have been times when I've had a small pack of foster dogs, so I guess you could say that I grew into one of my childhood ambitions. As a young child I dreamed of finding the Loch Ness monster. I would be the Jacques Cousteau of my generation. Looking for the monster at night, I would shock the world when I found and tamed it one morning. The big reveal would be at dawn. I thought the main problem with locating the monster was that no one was willing to stay up through the entire night—something I could not wait to accomplish. When my father was reading the morning paper I used to ask him if there was any news about the monster. I considered myself in a race with older, unknown entities who were looking for it as well. I thought the search for the monster was a worldwide mission.

As a middle schooler, I wanted to be a famous pianist. By the time puberty rolled around I wanted to become a keyboard player in a band. After a completely shameful "jam session" in high school, I found, to my horror, that my body contained not a single jam. I later decided to become a biological illustrator. I came of age in a practically-minded, civil servant type of town, and this occupation was the suggestion of my chain-smoking guidance counselor. So being an artist came fairly late to me as a concept for living. When I left for college, I actually could not name a single living professional artist.

BN: I'm not at all surprised by this Loch Ness monster story, because so often in your earlier paintings you present an image of man against nature, or in conflict with some larger, mysterious force. In fact, the 2001 painting that you titled, *3:54 pm, October 17th, 41 Degrees 46' N, 70 Degrees 31' W*, with the giant balloon blown out to sea in a storm, has a sort of parallel. The "monster" here is not in any way elusive but will never be captured, while those in pursuit have placed themselves in a life-threatening situation. It's another kind of folly, but also based in obsession.

You're a painter, but I also think of you as a storyteller/analyst by way of your pictures, someone who invents characters who are caught up in an impossible or daunting situation, or lost in their own heads. They inhabit an internal world, and you try to make sense of their actions, their inaction, or their resignation. This internal world is also metaphorical, defined by the four sides of the painted panel. If you had said you wanted to be a writer or a psychologist when you were younger, that would have made sense. Oddly enough, the giant balloon caught in the storm at sea is an almost Biblical image of the ark. Would you say that your paintings start with a situation or a character, as it's true for a writer, and that you discover a narrative as you paint them? In that painting you are also precise in the location and date. It's not happening anywhere at any time. You seem focused on when and where, and more analytically, on how and why?

AC: I think one of the reasons my paintings are so dense and complicated physically, with every

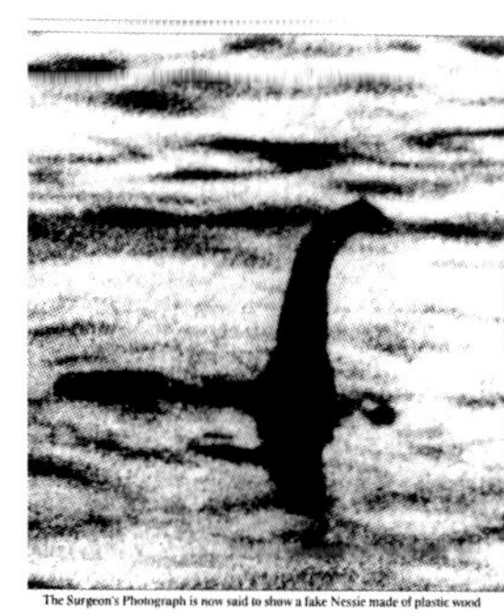

The Surgeon's Photograph is now said to show a fake Nessie made of plastic wood

Nessie hunt goes on after scientists concede hoax

BY JOHN YOUNG

A SCIENTIST investigating the existence of the Loch Ness monster refused to dismiss the popular legend yesterday, in spite of the most famous picture of the supposed creature being exposed as a hoax.

Adrian Shine, leader of the Loch Ness and Morar Project, set up to discover whether a mysterious being inhabits the deep waters southwest of Inverness, even welcomed the revelation that the photograph which appeared in the *Daily Mail* in April 1934 was a fraud.

According to new claims, the picture was concocted using a toy submarine fitted with the head and neck of a sea serpent made from plastic wood. It was taken by Colonel Robert Wilson, a Harley Street gynaecologist, who claimed to have seen "something in the water" on April 19, 1934, and has since been known as the Surgeon's Photograph.

Researchers have, however, discovered that Wilson was the front man for a conspiracy to hoodwink Fleet Street led by Marmaduke Wetherell, a self-styled big game hunter, who had been hired by the *Daily Mail* to track down the monster. The other members of the group were Wetherell's son Ian, his stepson Christian Spurling, and Maurice Chambers, an insurance broker, all of whom are now dead.

Wetherell is said to have been motivated by revenge after his "discovery" of footprints on a beach in Loch Ness was discredited by the Natural History Museum, which said the prints had been made by the dried foot of a hippopotamus, perhaps part of an umbrella stand.

Mr Shine said yesterday that he was convinced that the report of the hoax was valid. Much of the research was carried out by one of his own staff, Alastair Boyd. "It was always a very controversial photograph," he said. When the negative was inspected, the "monster" was found to be very small.

But Mr Shine added: "Eyewitness acounts still suggest that there is something powerful in the loch. As scientists we naturally resent hoax evidence, because it discredits the seriousness of our research. I hope the whole mystery can now be approached more openly."

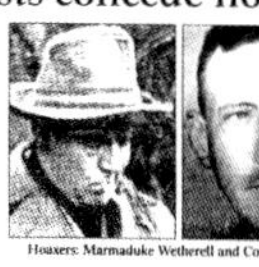

Hoaxers: Marmaduke Wetherell and Colonel Wilson

"Nessie hunt goes on after scientist concedes hoax",
di / by John Young

inch being accounted for, is that I find it impossible to ever sift through life's complications to catch the one big story or thread, to ignore those nagging, ever-present distractions and details. When I'm imagining the space of my paintings, I feel like the Smiley character in John Le Carre's books, who asks for and considers all the minute details. My paintings in some ways consider something of the butterfly effect—posing the question, "Does this person or this event matter?" That is, of course, usually unknowable. When I gave the painting its title, *3:54 pm, October 17th, 41 Degrees 46' N, 70 Degrees 31' W*, I was thinking along those lines, asking, "Does what happened here at this time, at this location, matter?"

There's a desire to make sense of situations, to find the angle and be able to report or translate an experience, to have some impact while we are here. This is storytelling, and in that sense, yes, you are right. I am trying to articulate a story, although I never usually find or locate its climax. In our cinematic culture we are obsessed with the climax and resolution of a story. The translation of an event, be it environmentally transformative—a huge storm or situation containing unknowable forces—or a powerful inner transformation of a character, is something that has held my interest for years. I often feel like I am telling stories for characters who are themselves unable to articulate their transformative experiences. Maybe it's my way of asking if an individual matters, or how, and how what they have done is of consequence?

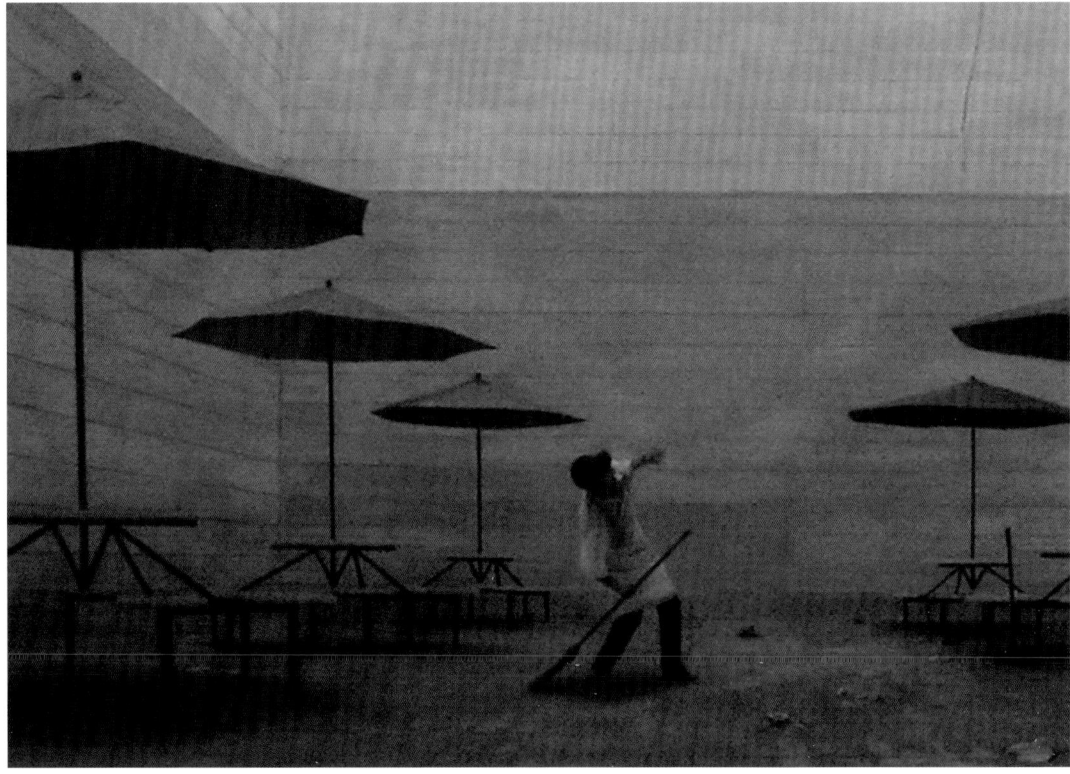

Anna Conway, *Alejandro*, 2005 (particolare / detail)

BN: One of the perennial questions in post-war art has been: Does art matter? Since the radicalization and re-definition of art since the late '60s, this has been particularly aimed at painting. Does painting matter? Your activity, which is so methodical, labor-intensive and engaged, so concerned with life in all its complication and doubt, with its pathos, shifts these questions to ask, Do we humans matter? And your answer, your painted answer, is that we do. In some of your works the protagonists have been named—*Alejandro* (2005), who is about to be engulfed in a giant wind-blown tarp; *Leonardo* (2007), the man who cleans offices at night and for some bizarre reason is doing push-ups on a desk; and perhaps most poignantly *Mrs. Lance Cpl. Shane O'Tolle and Mrs. Staff Sgt. Brandon Stevens* (2008), Army wives obviously, whose husbands have been deployed in a time of war. And will they be coming back? In the meantime, they have their own basic training. One holds the ankles of the other as she does a routine of sit-ups. In the absence of their husbands, they support one another. You not only know where these events are taking place, but who these people are, their fears. You know them as if they were living, breathing individuals. How do you know them? Have you encountered them in your life? Are some of them based on your own experiences?

AC: As far as my characters, I had the strong sense when I left my hometown for good that I would be haunted by the kinds of people who lived there for a long time. They were such a part of my coming-of-age. I managed to leave the town, and the state, several times for different colleges ...

BN: Massachusetts.

AC: Right—Foxboro, Mass. But I kept running out of money and returned to work and live with my parents so I could afford to go back to school. It was incredibly frustrating, and during those times I felt a keen sense of observing and recording memories about the people I was "trapped" with. I was constantly musing to myself, "I will not end up like that woman" and "I won't end up with that kind of man." Having grown up in a small town that had a National Football League stadium—the New England Patriots—and been raised in a family with only sisters, there was a major under-serving of role models for girls. Major. The two women in that painting, the army wives, really reflect on a fear and an accompanying sadness I felt about girls I grew up with, becoming women who allowed their identities to evaporate until they only carried the names and titles of their husbands. So early on I felt like I hit a wall when it came to imagining a fantastic future life. By the time I was 17, I had worked at many concerts and games at this stadium, and had seen the Rolling Stones, the Grateful Dead, and U2 many times over. I watched the male athletes play in huge football games and giant soccer matches with thousands and thousands of fans screaming their heads off, cheering for their heroes in action. I found it terribly alienating to witness only men being fawned over.

BN: You once told me about how one-dimensional and deflated Mick Jagger appeared, repeating all the same moves night after night.

AC: The very same performance, several shows back-to-back. He reminded me of the character at the end of *The Wizard of Oz*, a small, pathetic individual who hid behind a curtain. There was nothing mythic about Mick Jagger at all. The magic I had felt on the first night—when the stadium lights dimmed, and thousands of fans started screaming as the speakers blared the music—was lost to me forever. That great song by Peggy Lee, *Is That All There Is?* kind of sums up my feeling. As a grad student, I met the artist Michael Joo, who also grew up working at an NFL stadium. We talked about that crazy vertigo that comes over you looking out on a vast stadium. You are there before it fills up and after it has emptied, and it seems as big as the Grand Canyon. But when the lights are back on at the end of an event, all the magic is gone. It looks disgusting and depressing. We both felt that it made tiny poets out of us to see that high drama followed by such emptiness and quiet.

To ask how and if paintings matter, and what about their qualities gives them meaning and purpose—*Purpose* being the title of my show—in my mind runs perfectly alongside the question of how individual humans can and do matter. I remember very distinctly seeing museum visitors "watch" the Mona Lisa at the Louvre. They actually watched the painting. Everyone was very quiet and yet nothing was happening to the painting. All the information about its creation was contained right there, buried in all the layers, in the actual object that was touched and retouched by its maker. This is incredibly powerful—the body of a painting. The power of painting in so many ways is in its stillness and containment; its physicality. Unlike even architecture, its power comes from the density of its construction. Everything that leads up to its present condition is contained in layers. Paintings are one-offs, as humans are. This gives them the same frailty or vulnerability of individual bodies, and maybe the same importance and value?

BN: In 2003 you made a painting of a stadium titled *Here Comes Everybody*. The field is covered with performers—probably a marching band and cheerleaders at the half-time intermission—who have been arranged to create a giant image of a football player. All these bodies, these individuals, come together to represent the hero, the star. This image can only be seen from above, from a distance. It's a form of human pointillism. Each person reduced to a speck or a dot in the bigger picture. The following year you imagined a scene which could be from the same location, hours later, when the whole spectacle of the game, the competition, and the entertainment has come to an end. In *Somebody Call Someone* (2004), a trio of groundskeepers stare at another worker who is transfixed in some sort of performance. Surrounded by otherworldly swirls of mist and vaporous light, the scene reminds me of the *Phantom of the Opera*. Like any number of your figures, he appears to be in a trance, and your title suggests that his co-workers are spooked and don't know what to do. He has taken center stage, and, as with the Phantom, seems to be performing at an organ.

AC: What he's fixing is actually a machine that can generate white-water rapids, even in a perfectly flat, man-made river. Although I thought I made it up at the time, this machine really does exist!

BN: There's a third painting with a stadium setting, which is untitled, and followed four years later. Along with those that came before, it offers a trilogy of sorts. This painting is dominated by a spectacular radiating glass dome that is all aglow, with the playing field dark and deserted. At the bottom we see empty bleachers and an empty baby stroller. Close by, a woman sits on a folding chair

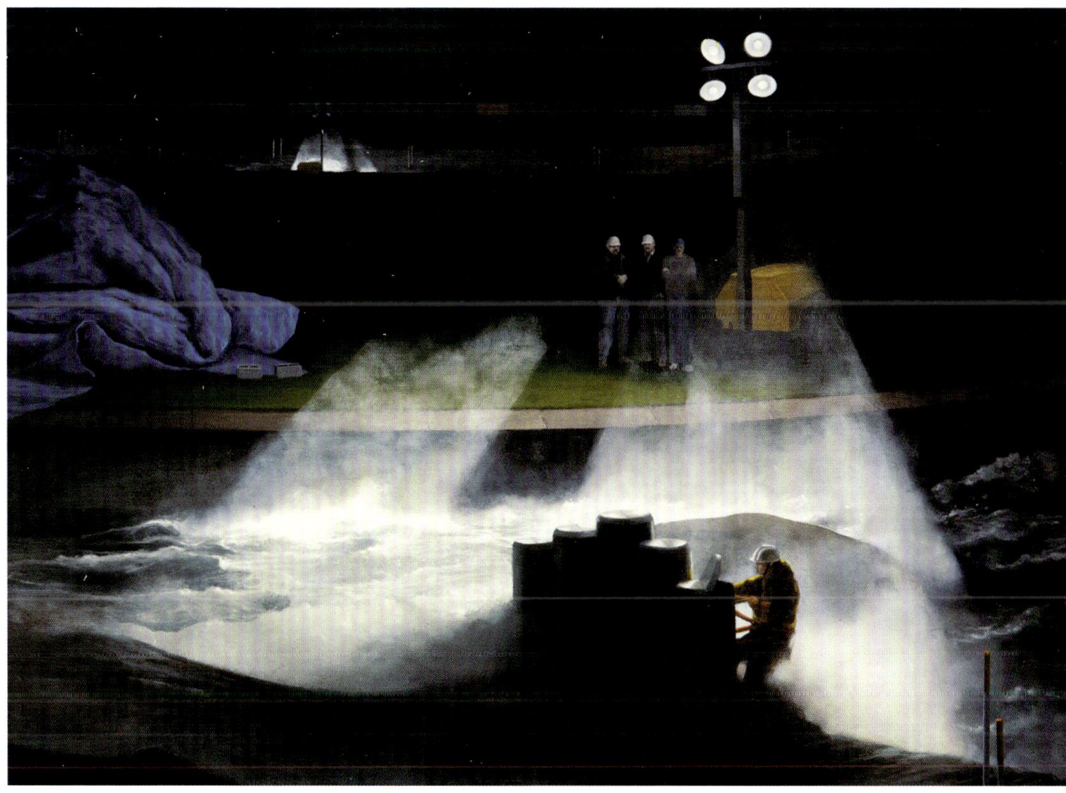

Anna Conway, *Somebody Call Someone*, 2004 (particolare / detail)

with a small child asleep in her lap. This is not simply an autobiographical trilogy painted across six years' time, and that can be thought to encompass six hours in a single day, but concludes with what seems to be a painted prediction of your own future. I like to think that in "painting the future," the prediction only has to be made, it doesn't have to come true. Of course here we conclude with a very moving and unexpected—and wholly modern—re-casting of a venerable subject from art history, the mother and child.

AC: The second stadium painting, *Somebody Call Someone*, shifts the emphasis away from the group in *Here Comes Everybody* and back to an individual, in this case a person referred to as "someone." It shows a lone workman attempting to fix a large mechanical device that's contained inside this man-made water course. I wanted to put electricity and water together, with a man in their midst. This is a painting of the small, brave things individuals do to keep our culture amazed and entertained. I have made many paintings of fear-provoking situations that I know have real-life counterparts. The stories usually remain buried in people, and I find myself wanting to imagine them, to reveal them and examine them.

The painting of the mother and child is about an altogether different bravery and invisibility. Childbirth is downright dramatic, and definitely life-threatening, but it is also terribly common

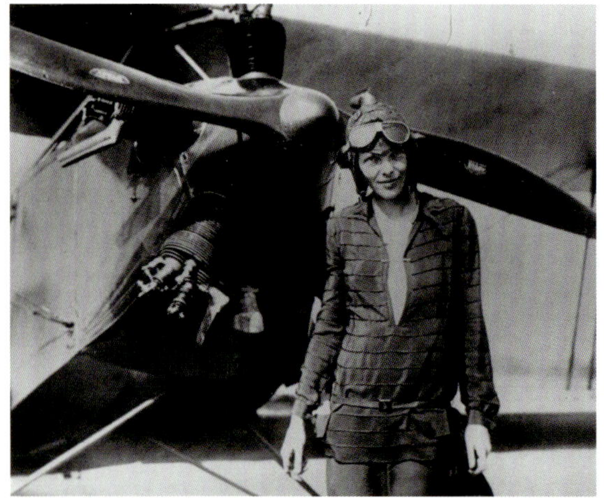

Amelia Earhart, 1928

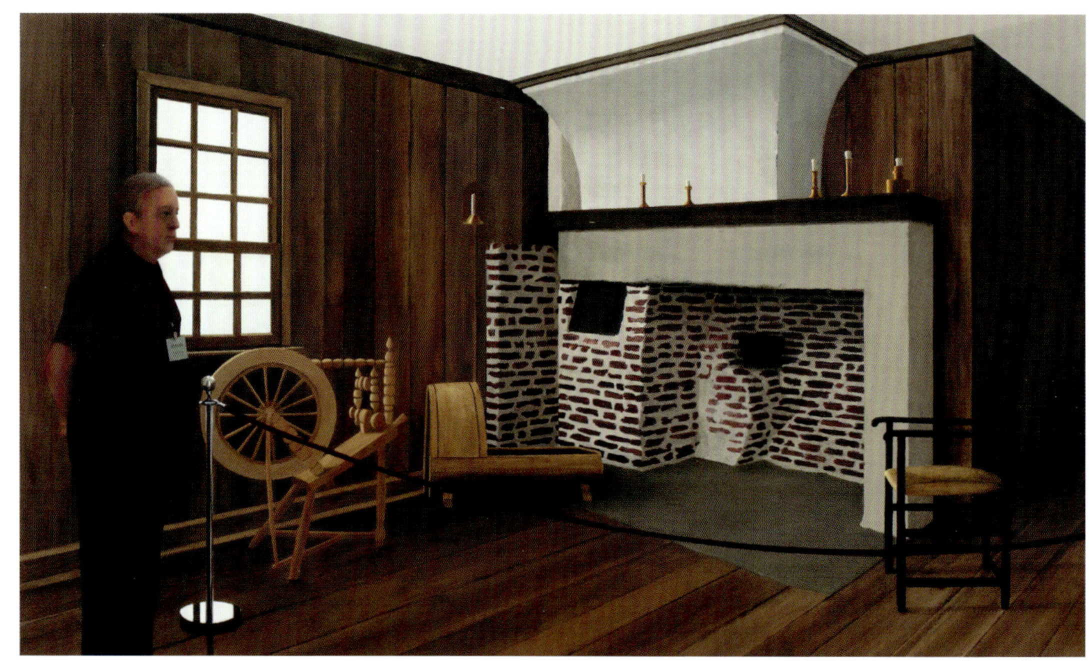

Anna Conway, *Docent*, 2013

and generally invisible in our culture. I wanted to paint an image of a mother and child surrounded by the space reserved for spectacle and awe, and there they are, very small and quiet inside this massive, illuminated space. I based the stadium on the Astrodome in Houston, Texas, which I visited in 2001. It was empty but you could just walk in and look around. When it was built it was referred to as the Eighth Wonder of the World. After Hurricane Katrina, it was used as a massive shelter for people who escaped the flood in New Orleans. Now it's abandoned, and only maintenance workers and security guards are allowed inside.

BN: Hearing you say that makes me think of this big glass dome as representing the quote/unquote "mothership", and there is a sort of sci-fi aspect to scenes that are equally fantastic and everyday. That stadium is also a kind of observatory.

AC: What happened to me, from a psychological point-of-view, is that I came to realize the power of being female: that I could be more "undercover" while observing the world around me. I accepted my fate, as I saw it, as the less powerful and exciting gender on the planet. I took the role of observer early on. I looked very hard for role models in women. When I was in the 6th grade I traveled to Washington D.C. as a finalist for the National History Day competition. I chose to do a project about Amelia Earhart for the theme "Triumph and Tragedy." I took it upon myself to look up the phone number for Amelia Earhart's sister, Muriel, and called her. It seems so incredible to me now that I tracked her down.

BN: You would only have been 11 years old.

AC: Yes, and she actually agreed to be interviewed, although I was disappointed when she said Amelia was not a spy. I cannot tell you how much I wanted Amelia Earhart to have been a spy. I felt most women were deeply behind-the-scenes. I was starved to find out about women I could aspire to learn from. At the same time, it's also significant that I often observed men who were placed in situations of powerlessness or submission, and thought about them and related to them. In *Alejandro*, a teenage boy who is wearing an apron performs the role of a cleaning person.

BN: And although the man in *Leonardo*, a name that is not a neutral choice by any means, is also a cleaning person, he performs a manly, physical activity—push-ups, though not one-handed. These powerless male figures appear regularly in your work. I'm thinking of the sad, older man in *Docent* (2013), who has no visitors to guide in the colonial museum, and the half-dressed businessman in the untitled painting from 2012, who stands cornered on the upper floor of a sleek glass building, emphasizing both modernity and vulnerability, terrified by an ominous plume of smoke in the distance. With *Docent*, the past inhabits the past. In the 2012 painting there is the palpable sense that the future, represented by an apprehension of the unknown, is already here, and here to stay. It's a very post-9/11 image, far enough away in time to be unmoored from that particular day, while similar current events allow it to register as an image on the front page of today's paper, though one that

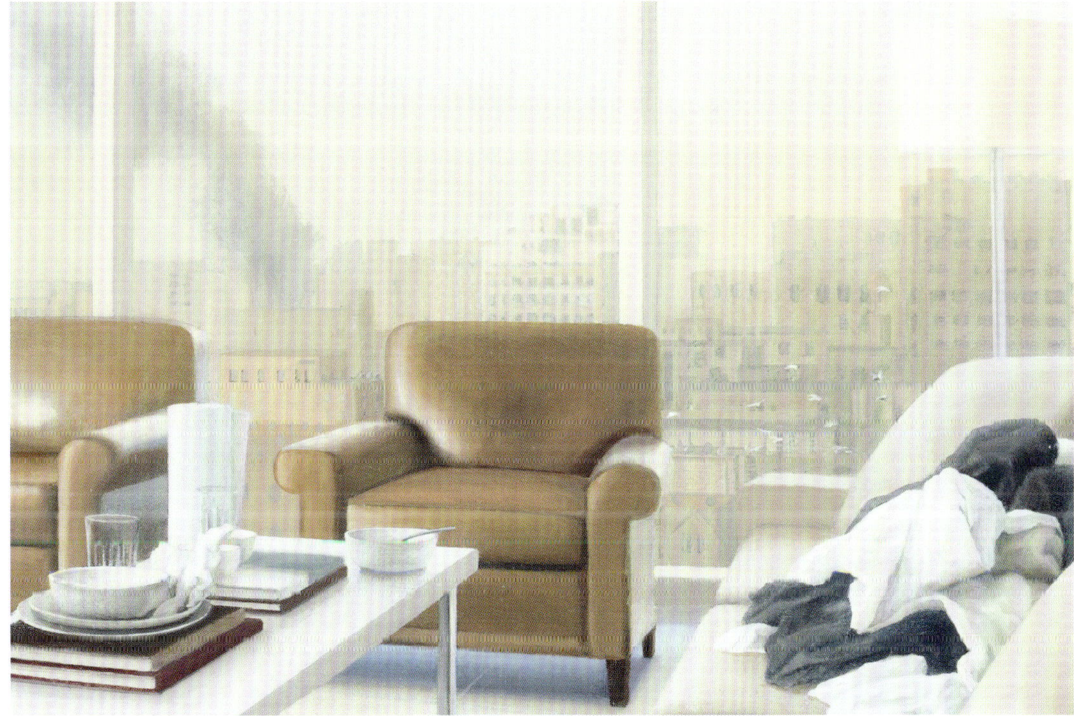

Anna Conway, *Untitled*, 2012 (particolare / detail)

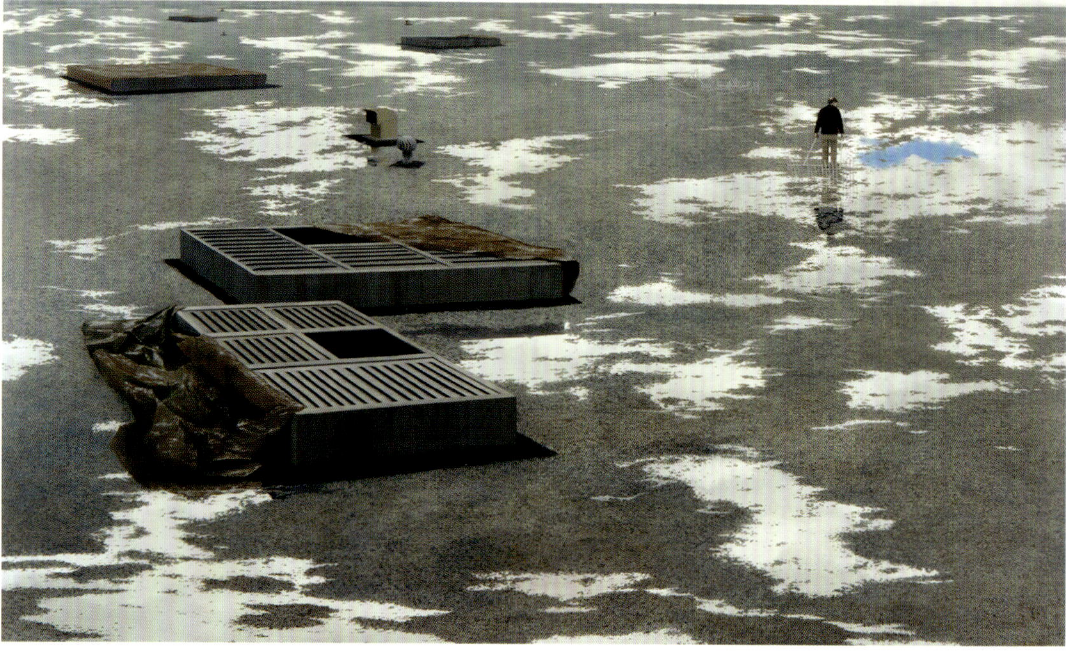

Anna Conway, *Trance*, 2006

couldn't have possibly been photographed. In this I mean not only to account for how it transcends a point in time that has past, but how painting allows us to see a moment that can only be pictured by way of the imagination. In this painting, you don't so much show us a moment as represent how the man will recall that moment. So you're more than an observer or a spy. You are, as I suggested earlier, a storyteller. Can you take me into that glass box and tell me how you created this character, his inner narrative, how you pictured and understood this moment in time?

AC: The painting I made of the pants-less man looking out over a city fire is very much a painting about how that person will remember this event, though it's unlikely that he will recount it in this way. He is the archetype of power, in a sense. He is a tall, strong man who is white and wealthy. In my painting his world is somehow under threat. He is trapped and he is scared. The fact that his apartment is like a fishbowl, without curtains or shades, now prevents him from hiding. I think of that painting as the part of the story that will go untold.

BN: Because later he won't admit to cowering in the corner, caught with his pants down.

AC: Exactly. There is only this small event that's happening, but this fire frightens him. His former and beloved identity is gone in an instant, up in smoke. The only thing that exists is this moment that he'll never admit to. As he does, I like when my paintings seem to be holding their breath.

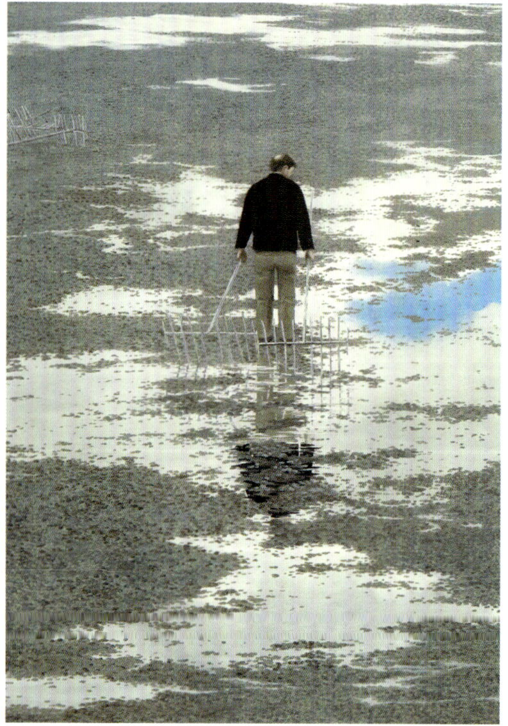

Anna Conway, *Trance*, 2006 (particolare / detail)

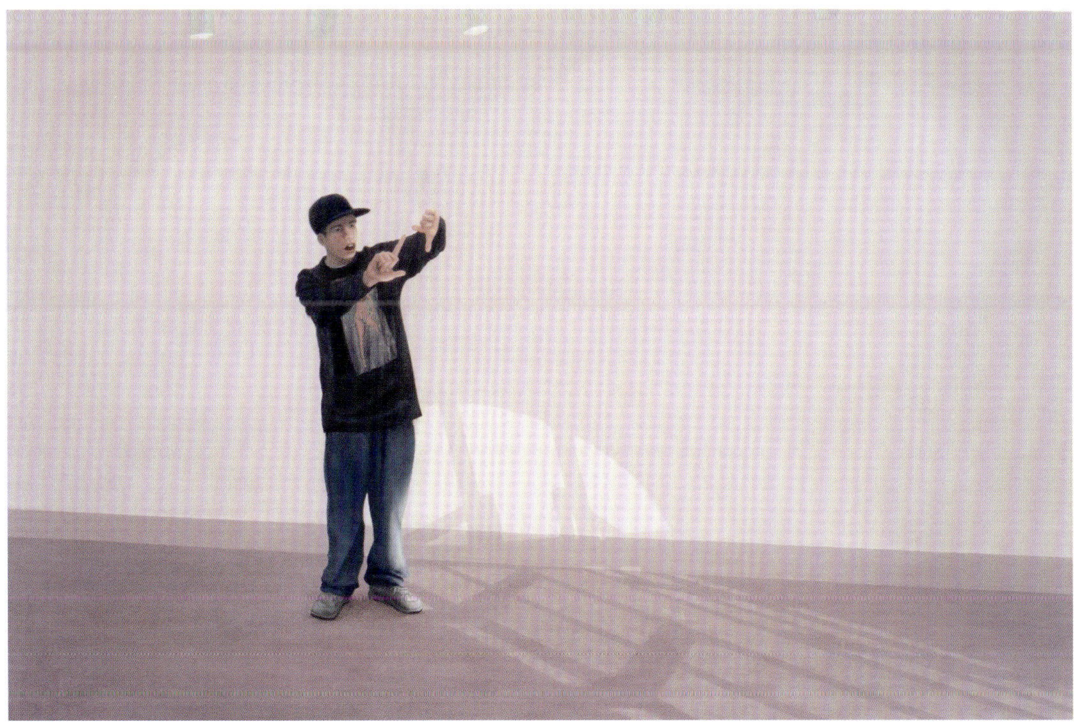

Anna Conway, *A Vision,* 2006

BN: The oxygen might have been sucked out of the room. And this can describe interiors as well as exteriors. There's *Pound Of Cure* (2004), where three figures are reaching for something hidden beneath the surface of a large dark pool, *Trance* (2006), with a man completely mesmerized by a blue puddle on a rooftop, and *Twenty Fourth Sunday In Ordinary Time* (2007), where a couple stares into a huge tree stump, counting the rings and the age of the missing giant. I'm sure you spent weeks painting the fine line of every single ring. This makes me think about a larger issue than the hours invested. For most of us, film, performance and dance are considered to be our time-based art forms. But painting can be thought of as time-based as well. In your work we don't merely encounter moments where the paintings seem to be holding their breath, whether because the figures do, or they compel the viewer to do so. It's more than that. In your paintings something has happened or is about to happen. There is a pause or an interruption, an interval or a moment held in suspension. This, to my mind, is incredibly true to life. Watching, waiting, an anticipation for what may happen next, wondering about what has just taken place, what is occurring before us right now.

You're more than a realist, more than a hyper-realist—which in any case is painting that aims to reproduce the photographic. You're often painting things that are unseen. There's a painting of yours that I think of as both the most banal and the most mystic, appropriately titled, *A Vision* (2006). We are presented with a fairly nondescript teenage boy who holds his index fingers and thumbs together to create a viewfinder, a framing device for a point in the distance which we cannot see, except as light

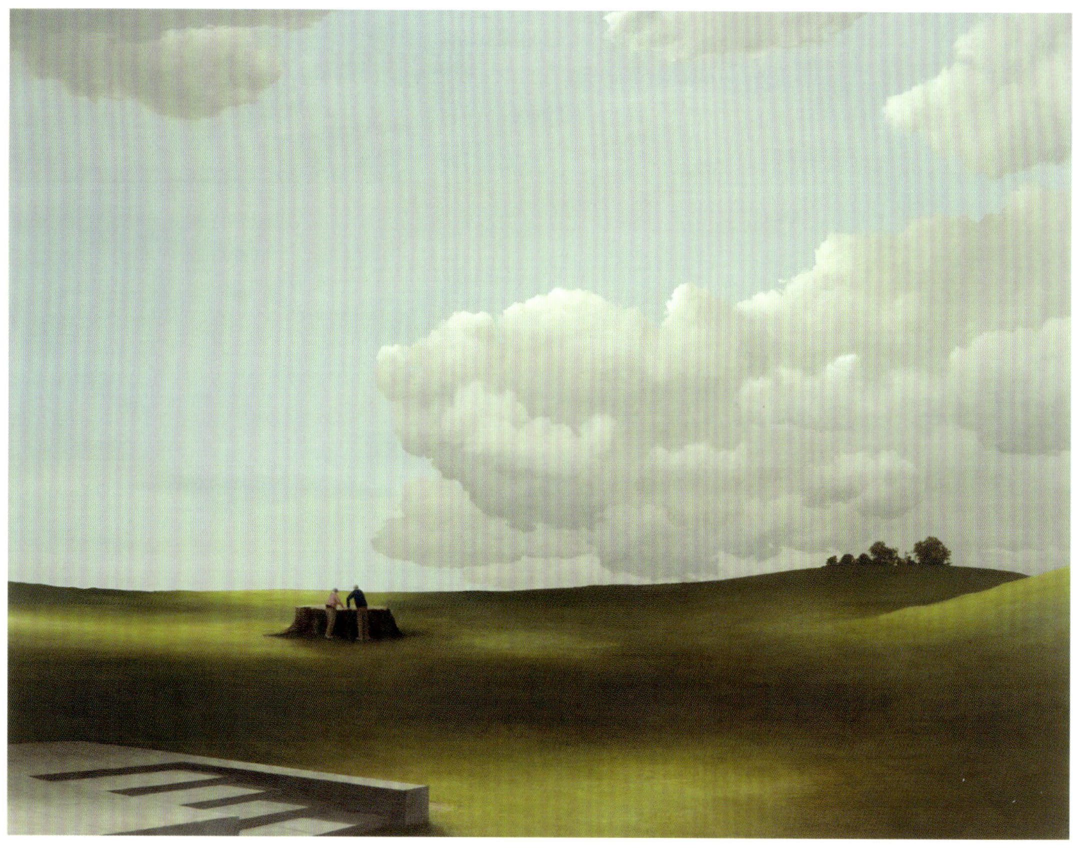

Anna Conway, *Twenty Fourth Sunday in Ordinary Time*, 2007

streaming through a window, cast on the floor and wall. Whatever it is, only he can see it, and maybe it's only in his mind's eye. The expression "seeing is believing" occurs to me in relation to what you do, because even though there is palpable doubt in the paintings and in your practice, you seem to affirm in the end that painting is believing. Who is he? What does he see that we can't?

AC: *A Vision* is quite autobiographical actually. I painted it right after I was told by doctors that the possibility of having a child without undergoing a serious surgery was remote. I spent a good amount of time in gynecology offices, staring at the waiting and exam room walls and furniture. These would emerge in that painting, the mild, violet-colored walls and carpet. My feelings were fluctuating pretty wildly after being told that I likely had a "barren womb," a clunky expression that would run through my head and offer a bit of humor in otherwise serious moments. When I pictured the joy of parenthood, and felt the sadness about possibly missing out, it was the mother and infant vision that came to mind—me holding a chubby, baby boy against my chest.

BN: I remember talking to you about this painting when it was first shown, and it puzzled me. You had never created an image like this before, so stark and seemingly emptied. I wasn't aware of what you had previously gone through. You may have told me that you pictured the child you were afraid to have.

AC: As the weeks went on and the drama of the diagnosis started to fade, I decided against surgery and I began to imagine the baby boy of my daydreams as an awkward teen. I figured my son would have a dark, wispy mustache and would be slightly built. I humored my somewhat sad self with images of my son accompanying me to a gynecology office, wearing an oversized T-shirt with a sexy, nearly nude woman on it—basically nothing to be proud of as a mother. The "vision" my son is having in that painting, holding his hands up to see something important to him, redeemed him. He was looking for a way out of the awkwardness of the moment he was living through, and he was seeing something wonderful, that only he would be able to translate someday in his future. I felt very close to his character when I finished the painting. Although this sounds really corny, it was as if I had lived through another life—like Ebenezer in Dickens's *A Christmas Carol*.

BN: Until now we haven't spoken about how a painting gets started. I know that you don't make preparatory drawings of any kind. The initial sketch has been done directly on the canvas, and before that on panel, which was your preferred support until 2011. I know that you very often revise a composition after the painting has begun, sometimes well after, a kind of starting over and over. There is a rendering of thought which is ongoing as you get closer to an understanding of the characters and the situation and how it evolves as it's painted.

AC: The initial stages of my paintings are always very atmospheric and abstract. This sounds funny, but often I imagine the sound in the painting in order to choose the mood or color to start. The most dominant feature in all of my paintings, even at the very end when I might be technically negotiating a vast pebble arrangement, is the atmosphere of the light and air. The time of day, the weather, the temperature come together early in the painting and end up informing the construction of spaces and figures. The sounds inside the spaces that I'm inventing come in as a way of helping me select the colors and the tone. Humans as young as a minute old are affected by the atmosphere of their environments, and in many of my paintings I examine the way man-made spaces are created in order to generate a certain feeling for their inhabitants. Often my paintings illuminate humans who are in deep concentration, and I imagine they are making no sound at all. Even the sound of silence is different depending on the space of that silence—for example, a church versus a parking lot.

Part 2 *Paintings, circa Now*

BN: The sound of silence can be audible when it's the space inside someone's head, which you articulate in the work that led to this exhibition, *It's not going to happen like that* (2013), a painting that was changed in a major way. This painting originally had a figure, and your removal of the figure ends up conveying his presence and state of mind more spookily, more thoroughly than if he was there. He is present to a greater degree in this absence.

AC: Early on there was a large, male figure, occupying most of the space in this tiny bathroom. The figure had an enormous back, and he was wearing a white T-shirt. I think the transformation from a figurative to a non-figurative painting started when I imagined that his shirt might have a word or image on the back. As I worked on it, I realized I could erase the man altogether and turn his whole body into a Post-it note on the mirror. The Post-it note is there, as a stand-in for the man. I really love how surprises like this can happen to a painting. It has a bit of magic about it.

BN: His interior thought becomes the subject of a painting which also overlays interior and exterior space. We are inside of a bathroom, but the walls have been papered or painted to give us a view to an idealized landscape, a house on a lake, with trees in the foreground and woods along the distant shoreline. When I first saw the painting I wasn't sure of what I was seeing, at least not until I noticed the light switch on the wall. The bland white light switch sits on top of the lake and a painted railing. On the painted wall—the painting within the painting—a mirror serves to spatially disorient this otherwise everyday scene. In the reflection we see a plant on top of a tall cabinet, which blends with the trees and greenery in the overall *trompe-l'oeil*.

This painting is related to one from the same year, *Peaceable Kingdom*, where 95% of the image turns out to be a painted backdrop. The reveal is a cut which allows us to see electrical cables, in seemingly actual scale, that are behind the wall. This then draws our attention to the painted pattern of entwined vines along the entire top edge, the dead give-away that this is pure artifice. I was reminded of the movie, *The Truman Show*, when Jim Carrey tries to escape and his sailboat collides with a huge painted sky. The world he knows is in fact the set of a reality TV show. In *Peaceable Kingdom*, the painting-within-the-painting is just as idealized as the bathroom wall. We see cows lazing under a large tree, a pond in the foreground, a bright horizon above gently sloping

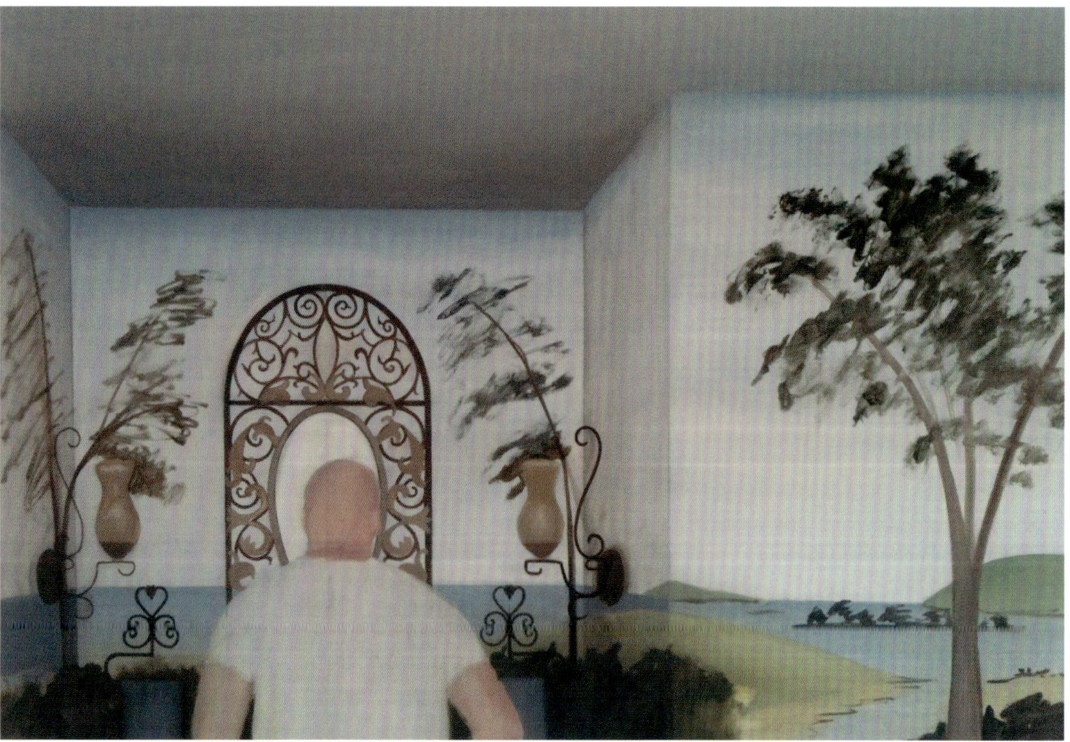

Anna Conway, *It's not going to happen like that*, 2013 (prima versione / early version)

hills. In much of your earlier work, we are confronted with man against nature. In these paintings nature is entirely an image of our own creation—a false front that is always the space of painting?

AC: It's interesting that you mention that film and focus on the character's attempt to escape. I think about the use of painting as a vehicle of escape or maybe even of transformation. I love that Carrey's character actually crashes into a painted wall when he attempts to get away. The perceived distant horizon is right there to be clumsily banged into. Escaping into space depicted in paintings reminds me of a particular episode from my life. During my 2007 show, the director of the gallery received a letter from an inmate at Folsom Prison. He asked if he could get posters of my paintings for his cell. I think about that to this day. Did he want to look at the paintings in order to escape into them? I have long wondered about the idea he had of decorating his prison cell. What incredibly careful curation that would have to be—a tiny room arranged like a Joseph Cornell box.

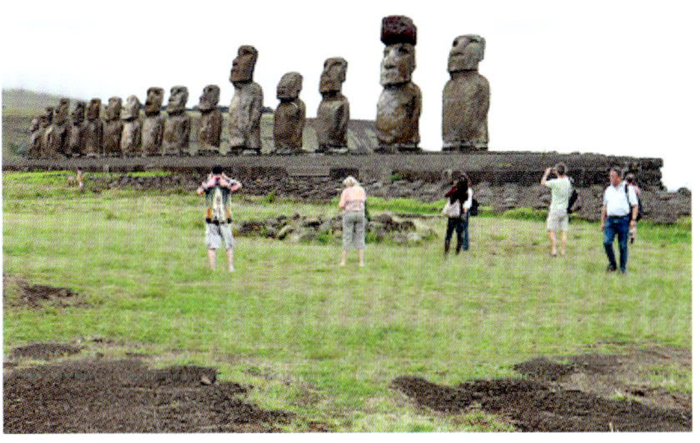

Turisti sull'Isola di Pasqua / Tourists on Easter Island

With these two paintings, I was very much considering the purpose of painting when I was working on them, and I was also thinking about escape. Each painting presents a mural made right on the surface of the sheet-rocked "caves" we live in, and each painting does represent nature, specifically a totally idealized nature. The oldest known paintings go back about 40,000 years and involve painting on the walls of caves where people can be assumed to have lived. Obviously we don't know the impetus behind these creations, but it's fascinating to speculate. It's interesting that they often contain the animals from outside. When you read mainstream articles today about collectors snapping up paintings worth millions of dollars, the article often centers on the question of the sanity of the people paying these prices. Certainly paintings are bought as investments, but often it seems as if collectors know something that we all suspect, that a really great work of art can change your life. I was thinking about the people who would have commissioned those murals in my two paintings. This was an image of nature they would be surrounded by inside their home—not unlike the buffalo depicted in those prehistoric caves—and they craved that kind of visual experience.

BN: You've mentioned the transformative aspect of art and its magic. This is something you believe in, even though you're not involved with performance or ritual or anything of that sort. You make paintings exclusively. To complete *It's not going to happen like that*, you painted out the figure. But when we walk into a gallery and stand before the painting, we stand before the mirror. The Post-it note is a surrogate for the absent figure, and because the scale of the image is close to life, so are we. When we read the message printed on the Post-it, we hear his voice in our heads. You implicate viewers in the painting even if we don't see ourselves reflected. After all, it's a painted mirror. Thinking about that prisoner who wrote asking for images of your paintings for his cell, I can't help but think of what his reaction to *Devotion* (2015) might be. The man laying on the cot in a bare gray space, a solitary quiet space, with a poster on the wall, an image of spectacular redwoods in the forest, and underneath this image is the stated goal: RESOLVE. It's almost as if seven years after that prisoner wrote the letter, you painted him. Tell me about the man on the cot. Who is he? Where did he come from?

AC: The man on the cot is a modern farmer or cowherd, like a shepherd who tends a flock of sheep. In this case, he is tending a herd of cattle which will eventually be used for food. I had always wanted to make a farm painting. My mother grew up on a small farm where cattle and chickens were raised and slaughtered. I think of this farmer as being trapped, like a lot of people are on their job site. You aren't far off in suggesting that I was painting that prisoner. I have worked at any number of jobs and sensed that all of us can feel trapped or imprisoned in them. Like many office cubicles I have seen, this industrial farmer has an "inspiration poster" on his wall. He has also created a small living space for himself as many people do in their office areas. In both *It's not going to happen like that* and in this painting, there is something on the wall—the Post-it note and the poster of the redwoods—that serves as a memorial to the inhabitant's preferred state of mind. I always find it fascinating and slightly unnerving when you see the notes or reminders people have or create for themselves as ways to "keep going." Invariably you imagine what happens if this fails. What if the man in *Devotion* fails to find that RESOLVE? What about his own mind or will is he afraid of exactly?

BN: You often paint a picture-within-a-picture, or place an object within a scene, that refers outside of that space, and can be thought of as alien to the space pictured. An image of magnificent redwoods is very far from a gray industrial cattle farm. The sense of alienation is heightened by the giant billboard which is blank. A billboard, a place reserved exclusively for a big message is empty. This is another picture-within-a-picture if you imagine it as a monochrome, or a canvas awaiting its painted image. The Post-it note is a representation of an inner voice that is speaking either for determination, or determinedly against an acceptance of what life has in store for us, and so it represents an alienation from the everyday. After all, you can't defend yourself against fate. And speaking of offices, the one you've painted in *Perseverance* (2015), which is about as clinical, uninhabited and void as can be, has a very striking picture-within-a-picture, an image of the Easter Island statues. This is unexpected, to say the least. I don't think you always knew it would be there. How did you come to insert such an iconic image within an otherwise unremarkable interior? Again, a bringing of the outside inside—a form of modern cave painting.

AC: For this show I had been thinking about the very private and individual moments adults have when they talk to themselves, or seek to inspire themselves to get through difficulty or boredom, or when they are frightened. I was thinking about times when a person is transfixed in the privacy of the moment, or wakes up in the middle of the night and feels disoriented, as a child does. That's the painting titled *Determination* (2015).

BN: This is your nocturne, the glass-box apartment at night, with the African sculpture on a pedestal, reflected in the dark window, regarding itself. This object is a domestic version of the Easter Island heads, scaled down but still sculptural. The poster is just that, printed and flat.

AC: When it came to painting the poster, I was thinking about people who have insomnia and watch the television programming that's aimed at the 1 to 4 AM audience. I myself have sat in front of a television at this hour, and invariably ended up watching lame documentaries about places like Easter Island, or the sites of Egypt's pyramids. I think of those programs as bedtime storybooks for adults. What better way to exit your mundane or worrisome present life than to mentally time-travel and consider the magic of people before us? These documentaries are depressing and also funny in a way. They reel you in with the idea that something absolutely magical and mysterious occurred in this long-ago place. But by the end of the program you grasp the more logical—and dull—explanation which takes away all the mystery. And yet these shows keep getting made, and tourists continue to visit these monuments and fall into trances before them. For me, the poster of the Easter Island heads is in this office to remind whoever works there of being in awe, to revere human endeavor while they are living through their own life of monotonous labor in this bleak office.

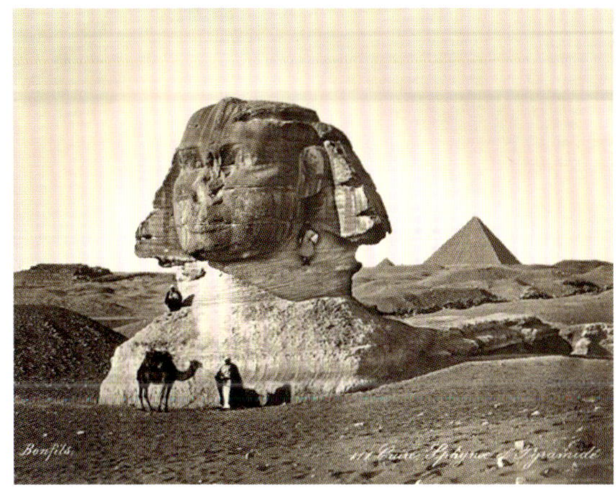

La Sfinge / The Sphynx

BN: Hearing you say this makes me think that in the past you invented images that might be thought of as the rendering of anxiety dreams, and now you're painting the interior of the insomniac—and if you can't sleep you can't access dreamtime—or you're painting the disorientation of waking in the middle of the night. You imagine a point where parallel realities collide. The man on the cot in *Devotion* is asleep. What might be going through his mind? What sort of scenes are playing out in his unconscious? Maybe he's dreaming of a giant ship that floats in the middle of a field, miles away from any ocean, heavy and buoyant at the same time. How could it possibly have gotten there? It's some sort of mirage. It's irrational. It's been immersed in a landscape. You've referred to it as floating on an ocean of green. Your mention the pyramids makes me think immediately of this ship as a surrogate Sphynx. Painting an image like this could be thought of as wish fulfillment, your need to reinvest the magic and mystery that you identify as having been explained away and denied.

AC: *Potential*, the painting of the large ship that you're referring to, depicts a huge field that has been designated as a public sculpture park. I imagined that an artist got possession of a de-commissioned battleship and had it relocated there, obviously at enormous cost to a collector or a public art fund. I love your comparison to the Sphynx. I definitely thought of this artist as aiming for a powerful reaction from the audience. The artist's great hope would be that the dislocation of this grand man-made object would have the same startling effect as encountering the heads on Easter Island or the pyramids in Egypt. In my painting, the magic is present but the park is also in the middle of nowhere, and there are no visitors, beyond the one—you, the viewer of the painting—who is looking down on the ship from an un-manicured hillside. In a way, I'm imagining this viewer as possibly having the transcendent experience that the artist wants for them. But the viewer is here alone, and there's no one to share it with. No photo would be big enough to capture the physical experience of being there. So the magic might be present, but it is fragile and fleeting.

BN: In titling this painting *Potential*, and in all your "motivational" titles, you inadvertently remind us of the names of various ships, whether from the past, Ernest Shackleton's ill-fated Endurance, or from our own time, the space shuttle Endeavour, for example. With this image we are brought back down to earth, not only to the circumnavigation of the globe, but to westward expansion in the United States and manifest destiny. So, in a doubled sense, this is also an evocation of history painting. We have the expression: take a picture, it will last longer. This I believe is more true of painting. Paint a picture, it will last longer. When a picture has been recorded by the imagination and a camera has no imagination at all—it can represent anything. It can represent what is not there and will never be there. Clearly, "there" is not even a physical location. You believe in a mental location, a landing field commonly known as the picture plane. This massive battleship might as well be a ghost ship, an object that solidly articulates or invades the picture plane but as an absurdist, dream-like intervention. You could have painted a visitor to this sculpture park, but you didn't. The person who enters the gallery where the painting is shown becomes the scene's near-observer, standing just outside the frame in real space. In this sense you expand pictorial limits. You insist that in picture-making the limits of a painting are elastic. They are not only the limits of the world, but of the mind.

I have always disliked the idea of a sculpture park. Nature already offers its own sculptural, pictorial, performative, filmic and auditory experience. Why should art reduce it to a green pedestal? Besides the battleship in this picture, you painted a Calder-like red sculpture which appears, in comparison to the setting and the ship, as a flimsy little nothing. I see that as your comment on public sculpture, and it could only be more ridiculous if it was placed on the deck of the battleship. If this park did exist, with this massive object embedded in the landscape, there would be a gift shop nearby where large format posters with this image could be bought and taken home. The poster would then be hung on a bedroom or an office wall, and it could become the subject of one of your paintings. I mentioned the occurrence of pictures-within-pictures in your work. *Potential* can be thought of as a picture-outside-of-a-picture, and in this sense it posits the inverse of the spatial dislocation you present in the paintings of the bathroom mirror, the glass tower living room, the desolate office, and the industrial farm. I can see how this image takes its place in the sequence of this series of new paintings, as its final representation, though I'm not entirely sure you planned it that way. Besides what we see in these paintings, in the way that you inhabit them figuratively and emotionally they also represent a journey you took without knowing your destination, and that is the ultimate metaphor for all of your work, which obviously comes from your own life.

AC: The phrase *mental location* is really good. I find it so interesting to observe people in those mental states where you look at them and actually wonder, "where are they?" And sometimes I have made a painting as an answer to my own question. A friend of mine works as a psychiatrist in a veterans' hospital, and she refers to the trances her patients fall into as "lost time." When they intently look away at the wall or out a window for an extended period of time, she will ask them, "Where are you? Are you in Iraq?" I make images of places that I do imagine as coming from someone else's mind. Even when I paint a mundane and realistic looking space, like the bathroom in *It's not going to happen like that*, it is a space that someone has arranged to be either a reflection or an enlargement of themselves. The space is speaking for the person.

It's generally a surprise for me to see where some of my paintings end up. For this last painting in the show, I did want to inhabit the mind of an artist, although someone very different from me. I imagined the artists who were commissioned to present their works in this particular landscape and being overwhelmed by the vast scale of the place. I see the sculptures as stand-ins for their makers, struggling to transmit a message while the sky and the wall of trees presses in on them, threatening to silence any transmission. When so much of our journey through our own lives is done in mental locations, you do wonder about the navigation systems.

BN: This is where real life meets dreamtime.

AC: A scientist once suggested that dreams are a way of organizing events that have happened to us so we are better prepared when we're confronted with them again. In seeing *Potential* as representing a giant ghost ship, you are probably onto something. Maybe the Loch Ness monster has finally surfaced ... in my work.

Purpose

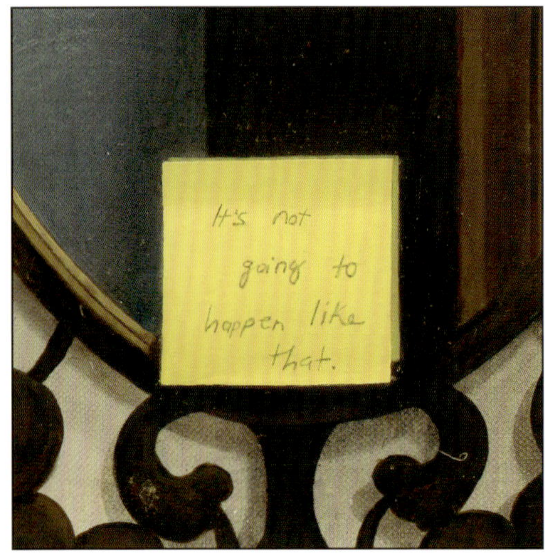
It's not
going to
happen like
that.

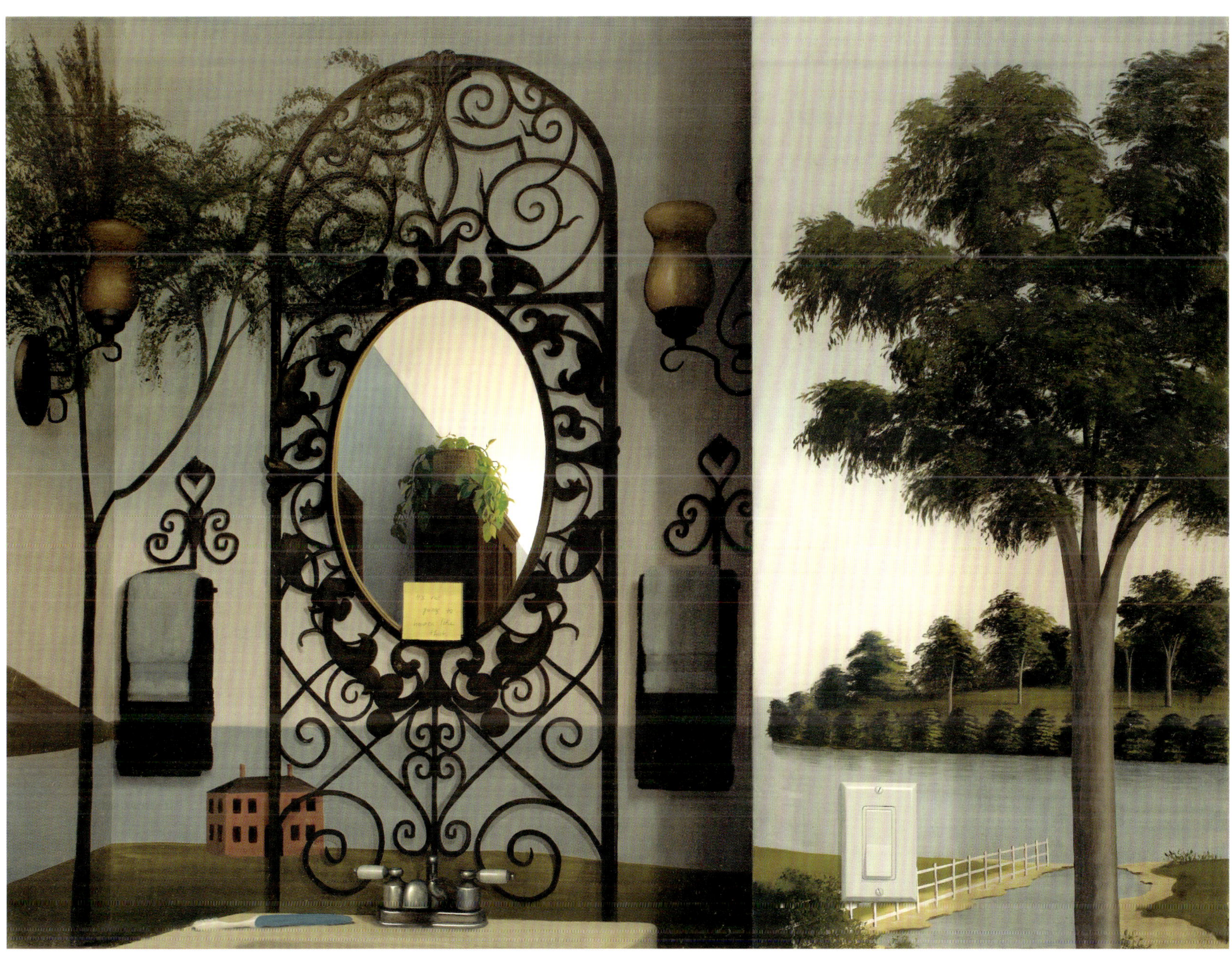

It's not going to happen like that, 2013
olio su lino / oil on linen, 76,2 x 101,6 cm

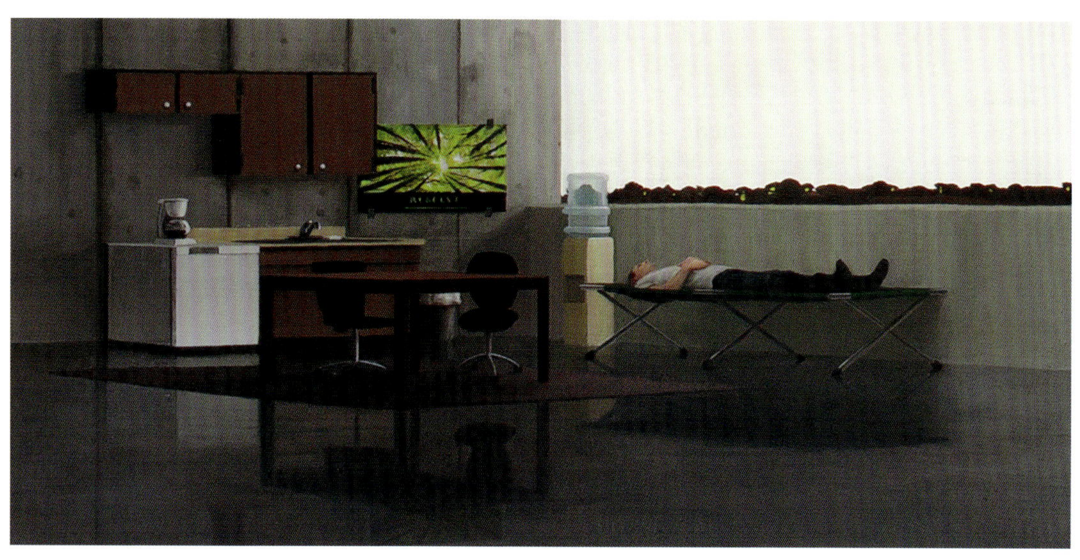

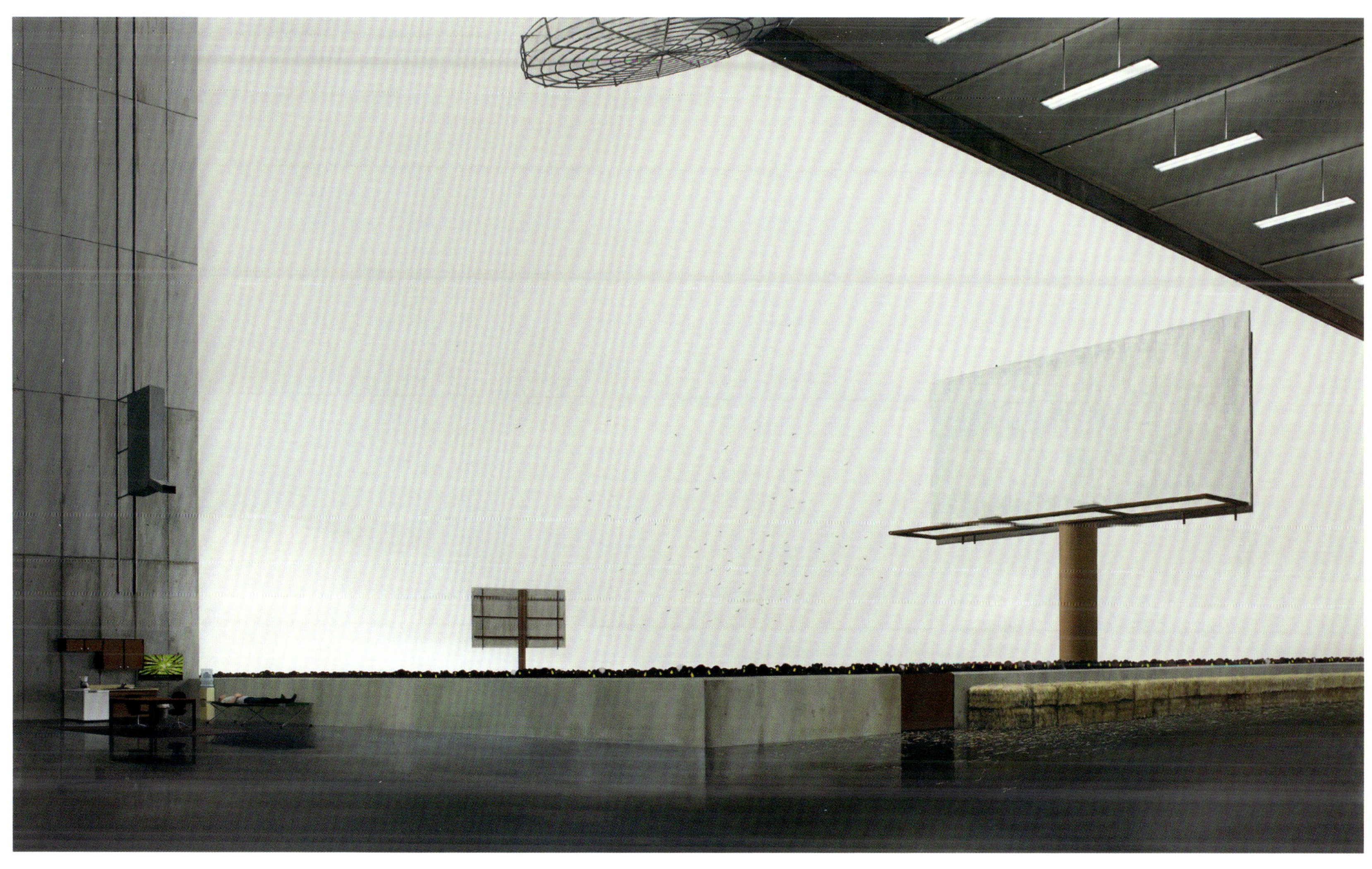

Devotion, 2015
olio su lino / oil on linen, 111,8 x 182,9 cm

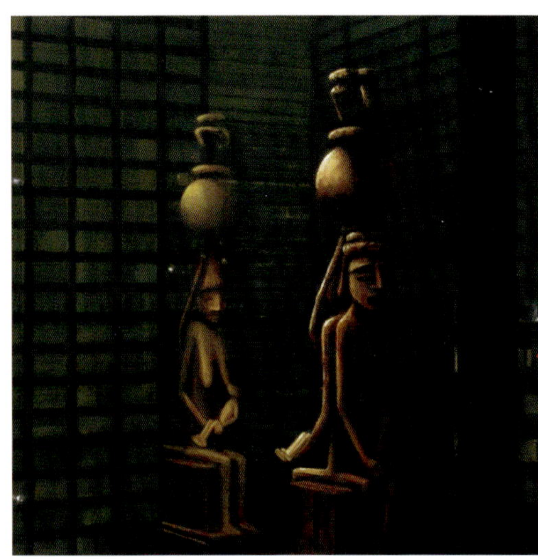

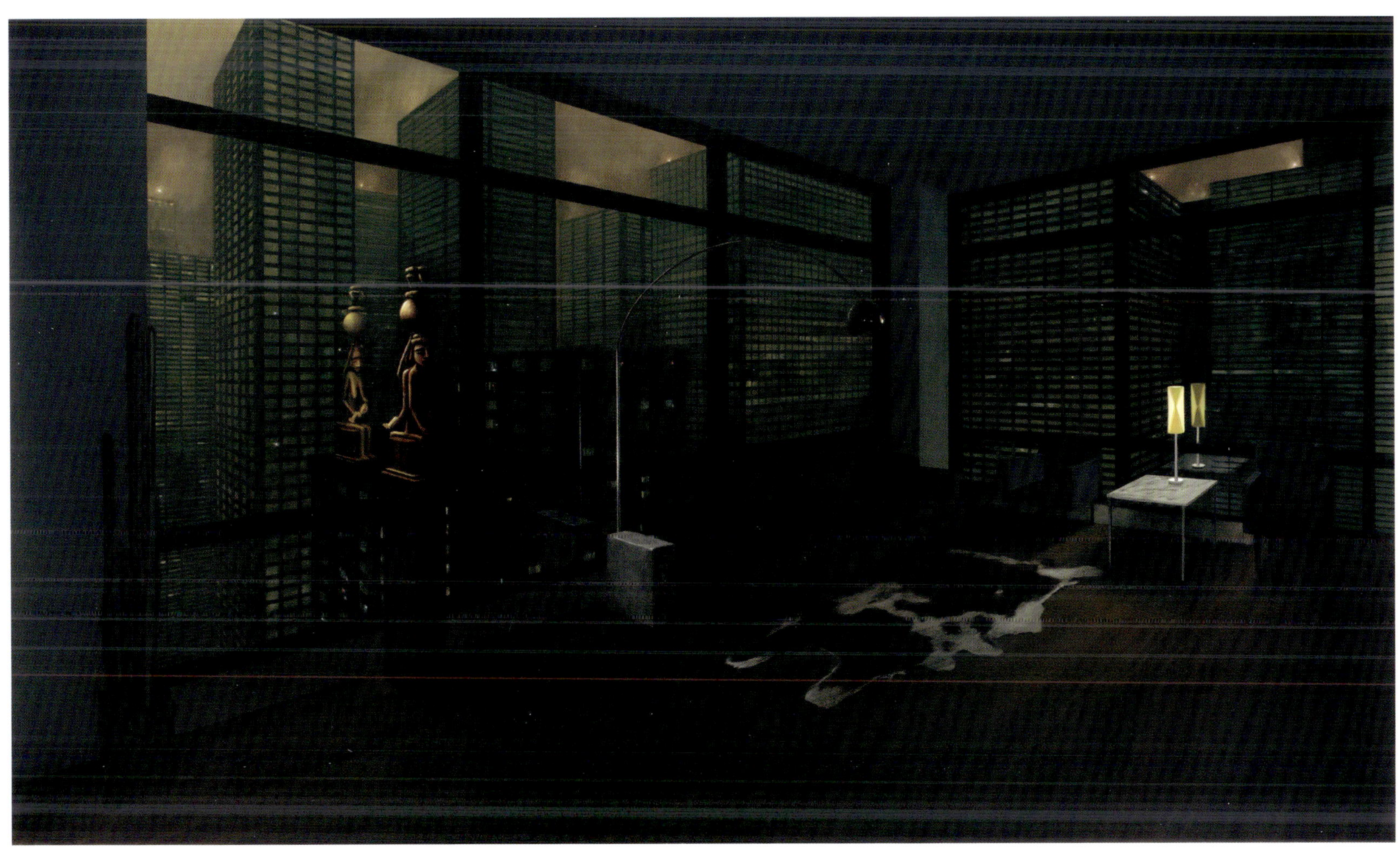

Determination, 2015
olio su lino / oil on linen, 71,1 x 121,9 cm

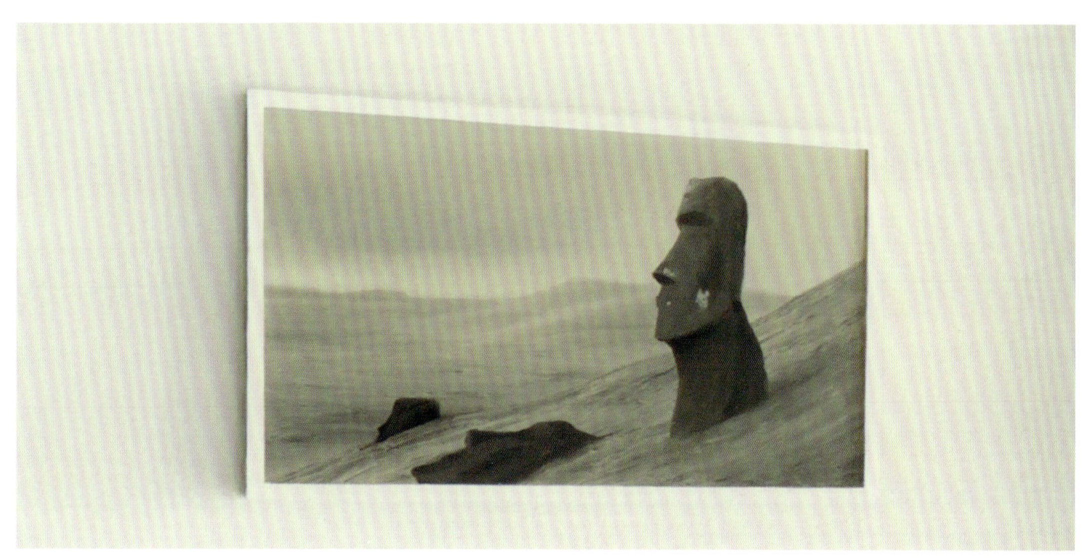

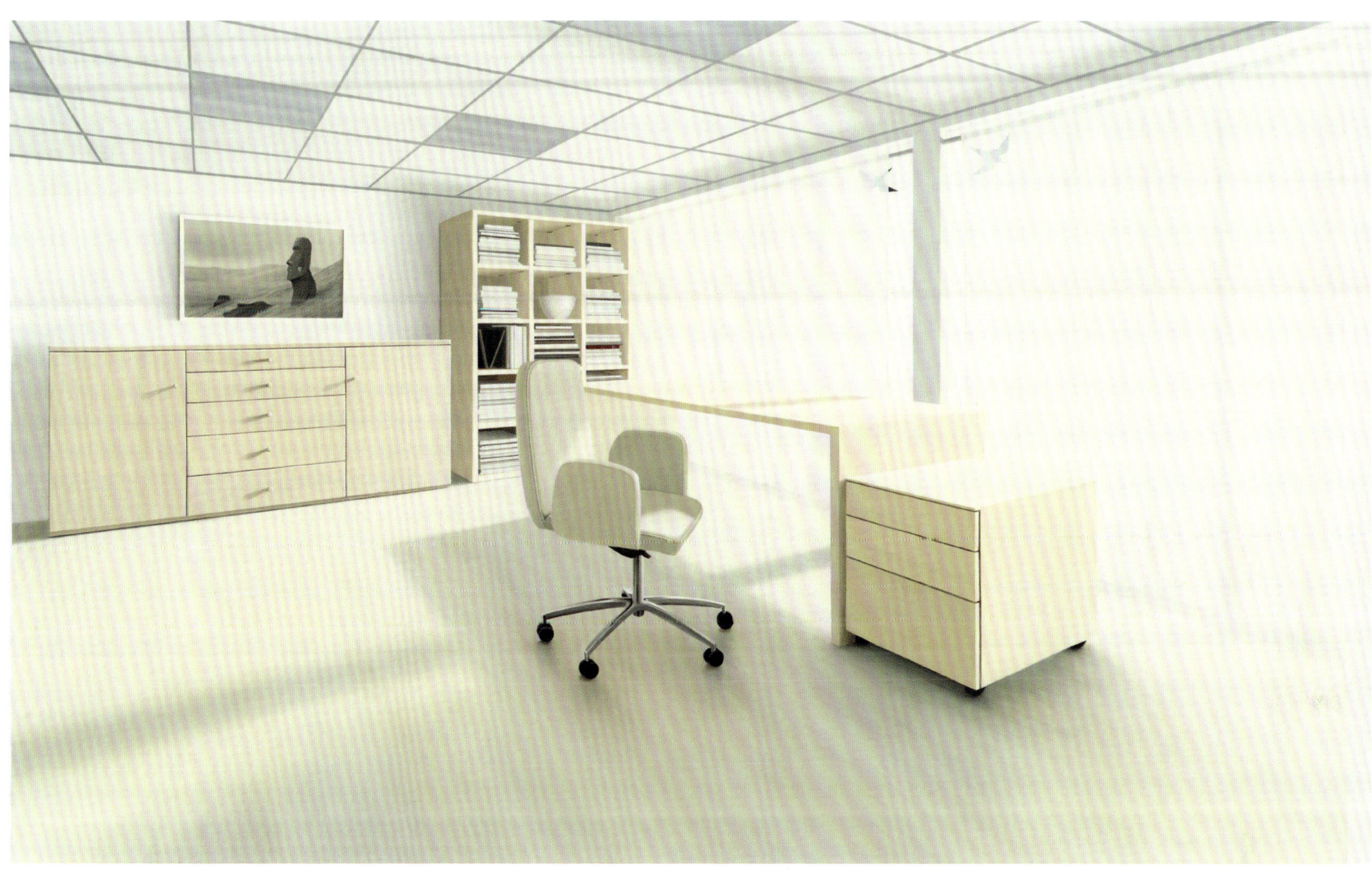

Perseverance, 2015
olio su lino / oil on linen, 76,2 x 121,9 cm

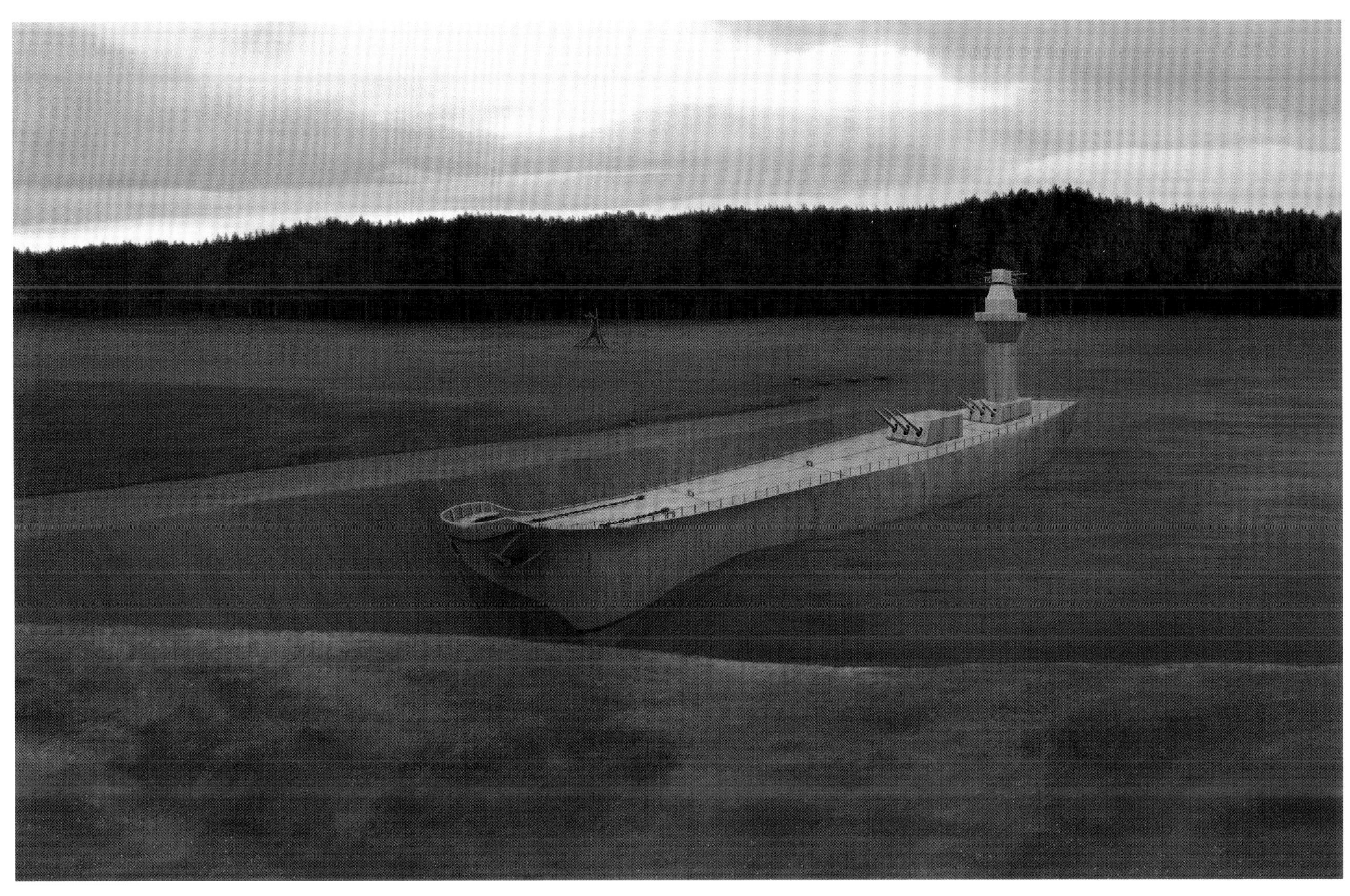

Potential, 2015
olio su lino / oil on linen, 132,8 x 203,2 cm

ANNA CONWAY

Nata a Durango, Colorado, nel 1973 /
Born 1973 in Durango, Colorado
Vive e lavora a New York /
Lives and works in New York

Formazione / Education
1997
BFA, The Cooper Union for the Advancement of Science and Art, New York
2002
MFA, Visual Arts, Columbia University School of the Arts, New York

Mostre personali / Solo Exhibitions
2013
It's not going to happen like that, American Contemporary, New York
2007
New Work, Guild & Greyshkul, New York

Mostre collettive / Group Exhibitions
2014
Brucennial, New York
2013
LAT. 41 7'N. LONG. 72 19'W, Martos Gallery, East Marion, New York
2012

In Plain Sight, Mitchell Innes & Nash, New York
2009

Uncharted, University Art Museum, Albany, New York
Cave Painting, urban "cave" on 24th Street, New York
On From Here, Guild & Greyshkul Gallery, New York
2008
Invitational Exhibition of Visual Arts, American Academy of Arts and Letters, New York
2007
Painting as Fact, Fact as Fiction, Depury & Luxembourg, Zürich
Phantasmania, The Kemper Museum of Contemporary Art, Kansas City, Missouri
Real Time: Focus Redifining the Painted Landscape, Bernarducci Meisel Gallery, New York
if that was all i needed i'd be fine, Kavi Gupta Gallery, Chicago
Anna Conway, Guild & Greyshkul Gallery, New York
2006
Collection 2005/2006, Galerie Rodolphe Janssen, Bruxelles
2005
PS1 Greater New York, MOMA PS1, New York
Art Review 25... Emerging U.S. Artists, Phillips, De Pury Co. Gallery, New York
2002
Escape, Egizio Project, New York
Thesis Exhibition, Mink Building, New York
Mondo Cane II, Leroy Neiman Center, New York
2001
First Year MFA Exhibition, Ira and Miriam Wallach Gallery, Columbia University, New York
Gloss, Leroy Neiman Center for Print Studies, New York
1997
Anna Conway and Amy Cutler, Houghton Gallery, Cooper Union, New York
Selected Paintings and Prints, Houghton Gallery, Cooper Union, New York

Bibliografia selezionata / Selected Bibliography

Anna Conway, in "New American Paintings", n. 110, marzo / March 2014
R. Baldwin, *Anna Conway, Somebody Call Someone* (intervista / interview), in "The Morning News", 24 aprile / April 2013
Anna Conway, in "The New Yorker", 22 aprile / April 2013
S. Zevitas, *Must See Painting Shows: April 2013*, in "The Huffington Post", 12 aprile / April 2013
Anna Conway, in "The Huffington Post", 12 aprile / April 2013
Short List, in "The New Yorker", aprile / April 2013
Uncharted, in "The Times Union", settembre / September 2009
R. Smith, *A Gallery Goes Out in a Burst of Energy*, in "The New York Times", 6 febbraio / February 2009
S. Kine, *Anna Conway, Painter*, in "Joy Quarterly", n. I, estate / Summer 2008
B. Boucher, *Anna Conway at Guild and Greyshkul*, in "Art in America", settembre / September 2007
J. Goodrich, *Art in Brief*, in "The New York Sun", 5 luglio / July 2007
Art in Review, in "The New Yorker", 2 aprile / April 2007
N. Fry, *Critics Picks. Anna Conway*, in "Artforum", marzo / March 2007
Timothy McSweeney's Quarterly Concern, 2006
100 Future Greats 2005, in "Art Review", dic. 2005-gen. 2006/ Dec. 2005 - Jan. 2006
B. Godsill, *Out of Sight, Out of Mind Anna Conway*, in "The Blow Up", inverno / Winter 2005
PS1 Review, in "Beaux Arts", luglio / July 2005
10 Artists: PS1, in "Harper's Bazaar – Japan", luglio / July 2005
E. Heartney, *Return to the Real?*, in "Art in America", giu.-lug. / Jun. - Jul. 2005
P. Eleey, *Greater New York*, in "Frieze", maggio / May 2005
C. K. Ho, *In View: Greater New York 2005*, in "Modern Painters", maggio / May 2005
Top 25 Emerging Artists, in "Art Review", aprile / April 2005
J. Comita, *Higher Learning*, in "W", marzo / March 2005
J. Ribas, *She's Come Undone*, in "Time Out New York", 1 luglio / July 2004

Riconoscimenti / Distinctions
2014
John Simon Guggenheim Fellowship
2011
Pollock-Krasner Foundation Award
2008
American Academy of Arts and Letters William L. Metcalf Award
2005
Pollock-Krasner Foundation Award
2002
Columbia University, Debra Sabato Award for excellence in painting
Columbia University, Dean's Fellowship 2001
1997
Cooper Union BFA class of 1997 award for excellence in painting

IMMAGINI NEL VOLUME
BOOK ILLUSTRATIONS

p. 8. Anna Conway, *Leonardo,* 2007
olio su tavola / oil on panel
51 x 76,2 cm

Giorgio de Chirico, *Canto d'amore,* 1914
olio su tela / oil on canvas
73 x 59,1 cm
The Museum of Modern Art, New York
Lascito Nelson A. Rockefeller. Inv.: 950.1979

p. 10: Hieronymus Bosch, *Inferno*. Parte del *Trittico del Giardino delle Delizie / Hell.* Part of the triptych *The Garden of Earthly Delights,* 1500-1505
olio su tavola / oil on panel
220 x 400 cm
particolare / detail
Museo del Prado, Madrid

p. 11: Anna Conway, *Somebody Call Someone,* 2004
olio su tavola / oil on panel
108 x 198 cm

p. 13: Anna Conway, *Alejandro,* 2005
olio su tavola / oil on panel
111,8 x 162,6 cm

p. 18: Edward Hopper, *A Woman in the Sun,* 1961
olio su lino / oil on linen
101,9 x 152,9 cm
Whitney Museum of American Art, New York
50th Anniversary Gift of Mr and Mrs Albert Hackett in honor of Edith and Lloyd Goodrich
84.31

Photograph by Sheldan C. Collins

p. 19: Anna Conway, *Mrs Lance Cpl. Shane O'Tolle and Mrs Staff Sgt. Brandon Stevens,* 2008
olio su tavola / oil on panel
43,2 x 53,3 cm

p. 22: Anna Conway, *Untitled,* 2012
olio su lino / oil on linen
58,4 x 92,7 cm

p. 27: Nathaniel Currier, *Arca di Noè / Noah's Ark*
XIX secolo / 19th century
The Print Collector, London

p. 28. Anna Conway, *3.54 pm, October 17th, 41 Degrees 46'N, 70 Degrees 31'W,* 2001
particolare / detail

p. 29: Anna Conway, *3:54 pm, October 17th, 41 Degrees 46'N, 70 Degrees 31'W,* 2001
olio su tavola / oil on panel
89 x 122 cm

p. 30: Stadio / Stadium,
Foxboro, Massachusetts

p. 31: Anna Conway, *Here Comes Everybody,* 2003
olio su tavola / oil on panel
116,8 x 83,8 cm

Anna Conway, *Here Comes Everybody,* 2008,
particolare / detail

p. 32: Anna Conway, *Untitled,* 2008,
particolare / detail

p. 33: Anna Conway, *Untitled,* 2008
olio su tavola / oil on panel
129,5 x 195,6 cm

p. 34: Anna Conway, *Pound of Cure,* 2004,
particolare / detail

p. 35: Anna Conway, *Pound of Cure,* 2004
olio su tavola / oil on panel
111,8 x 152,4 cm

p. 36: Anna Conway, *Peaceable Kingdom,* 2012,
particolare / detail

p. 37: Anna Conway, *Peaceable Kingdom,* 2012
olio su lino / oil on linen
77,5 x 185,4 cm

p. 38: The Truman Show, 1998, film still

p. 40: Olympic Sculpture Park, Seattle, con una scultura di / with a sculpture by Alexander Calder

p. 43: "Nessie hunt goes on after scientist concedes hoax", di / by John Young

p. 44: Anna Conway, *Alejandro,* 2005,
particolare / detail

p. 47: Anna Conway, *Somebody Call Someone,* 2004,
particolare / detail

p. 48. Amelia Earhart, 1928
Ph. Pacific Aviation Museum, Honolulu (Hawaii)

Anna Conway, *Docent,* 2013
olio su lino / oil on linen
48,2 x 78,7 cm

p. 49: Anna Conway, *Untitled,* 2012,
particolare / detail

p. 50: Anna Conway, *Trance,* 2006
olio su tavola / oil on panel
96,5 x 152,4 cm

Anna Conway, *Trance,* 2006,
particolare / detail

p. 51: Anna Conway, *A Vision,* 2006
olio su tavola / oil on panel
40,6 x 61 cm

p. 52: Anna Conway, *Twenty Fourth Sunday in Ordinary Time*, 2007
olio su tavola / oil on panel
116, 8 x 172,7 cm

p. 54: Anna Conway, *It's not going to happen like that,*
prima versione / early version

p. 55: Turisti sull'Isola di Pasqua / Tourists on Easter Island

p. 57: La Sfinge / The Sphynx

collezionemaramotti

Anna Conway
Purpose

Realizzato in occasione della mostra omonima /
Published on the occasion of the exhibition with the same title
06.03 – 31.07.2016

Progetto grafico / Book design
Rocco Poiago

Testi / Texts

Testo di / Text by
Mario Diacono

Conversazione fra / Conversation between
Anna Conway e / and Bob Nickas

Traduzioni / Translations

Marguerite Shore
per la traduzione in inglese del testo di Mario Diacono
for the English translation of the text by Mario Diacono

Antonella Bergamin
per la traduzione in italiano della conversazione fra
for the Italian translation of the conversation between
Anna Conway – Bob Nickas

Fotografie delle opere in mostra
Photographs of the works on show
Susan Alzner
Ronald Amstutz
Steven Bates

MaxMara

Dedica
Dedication

For my beloved Simone, Ron, Mary, Mario, Aileen, Joe, Sonya, Ben, Sandy, Harlan and Helen and David Vendler — thank you for the support you have shown me while I created my work, how grateful I am to call you my family. For all of the love in Brant Rock and beyond — Norman, Joanna and Heather, I am forever indebted.

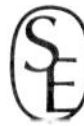

Silvana Editoriale Spa

Direzione editoriale / Direction
Dario Cimorelli

Art Director
Giacomo Merli

Coordinamento editoriale / Editorial Coordinator
Sergio Di Stefano

Redazione / Copy Editor
Lorena Ansani

Coordinamento di produzione / Production Coordinator
Antonio Micelli

Segreteria di redazione / Editorial Assistant
Ondina Granato

Ufficio iconografico / Photo Editor
Alessandra Olivari, Silvia Sala

Ufficio stampa / Press Office
Lidia Masolini, press@silvanaeditoriale.it

ISBN 9788836633531

Silvana Editoriale S.p.A.
via dei Lavoratori, 78
20092 Cinisello Balsamo, Milano
tel. 02 453 951 01
fax 02 453 951 51
www.silvanaeditoriale.it

Le riproduzioni, la stampa e la rilegatura
sono state eseguite in Italia
Stampato da Grafiche Aurora, Verona
Finito di stampare
nel mese di febbraio 2016

Reproductions, printing and binding
in Italy
Printed by Grafiche Aurora, Verona (Italy)
February 2016